JN112039

オールカラー

超入門！書いて覚えるドイツ語ドリル

音声DL版

岡田公夫
［著］

ナツメ社

目次

第1章 ドイツ語の発音とつづりの読み方

第2章 ドイツ語の文法超基礎

第3章 ステップアップドイツ語文法

ドイツ語マスターの第一歩
～この本の特徴と使い方～

ドイツ語と英語はともにゲルマン語に属する兄弟言語です。

Apfel（アプフェル）: *apple*　Bruder（ブふーダー）: *brother*　kommen（コメン）: *come*　trinken（トひンケン）: *drink*

ちょっと見ただけで対応が想像できる単語がたくさんあります。そのうえ発音はローマ字読みがほとんどなので、日本人にとって英語よりはるかに楽です。しかし、誰もが口をそろえて「ドイツ語は難しい」と言います。一体ドイツ語の何がそんなに難しいのでしょうか。この本では、英語とドイツ語の３つの重要な違いに焦点を絞って、ドイツ語理解の第一歩、確実な足がかりを築くことを目標にします。

ドイツ語は英語とどこが違うか
～３つのポイント～

ポイント 1 ドイツ語には「格表示」と呼ばれるシステムがある

まず次の３つを比べてみてください。

ドイツ語	der（デア） Apfel（アプフェル）	den（デン） Apfel（アプフェル）	dem（デム） Apfel（アプフェル）
英　語	*the apple*	*the apple*	*the apple*
日本語	そのリンゴが	そのリンゴを	そのリンゴに

上の例のように、英語では *the* の形は１つですが、ドイツ語では英語と違って「～ガ」「～ヲ」「～ニ」を名詞の前に立つ語（ここでは定冠詞）の語尾が示しています（ドイツ語では名詞は大文字で書き始められます）。

このようにドイツ語には、名詞の前に立つ語（冠詞、英語の *my* や *your* のような語、*this* や *which* のような語、形容詞など）の語尾で名詞の格を示すしくみ（「格表示」のシステム）があります。

ドイツ語に「格表示」のシステムがあるということは何を意味するのでしょうか。

ポイント 2　格表示のシステムがある → 語順が自由になる

日本語で少し考えてみましょう。「太郎が次郎に本をあげる」という文を、「次郎に太郎が本をあげる」と言っても、「本を次郎に太郎があげる」と言っても起こっていることは同じですね。「ガ」のついている名詞が「あげる人」で、「ニ」のついている名詞が「もらう人」で、「ヲ」がついている名詞が「あげる物」です。「あげる」という動詞と個々の名詞の関係は「ガ」「ヲ」「ニ」といった格助詞によって示されています。つまり、語順を変えても個々の名詞と動詞の関係は変わらないので、日本語では語順を変えても意味が変わらないのです。語順は情報を伝える順番を表す積極的な役割を果たしていると言えます。

英語では人称代名詞の *I* － *me* や *he* － *him* などを除けば、「ガ」「ヲ」「ニ」などを個々の語のレベルで区別することはできません。そこで英語では動詞の前が主語、後ろが目的語というように、語順で格関係を示しているのです。だから英語では語順を変えると主語が変わってしまう、つまり文の意味が変わってしまうので、日本語のように語順を自由に変えることができません。それに対して、ドイツ語は日本語ほどではありませんが、語順が比較的自由です。そして日本語と同じように、語順によって文の意味が少しずつ変わってきます。

デア　ズーパーマふクト　イスト　ネーベン　デム　バーンホーフ

Der Supermarkt ist neben dem Bahnhof.

スーパーは駅のとなりにあります。（この文では「スーパー」がポイント）

ネーベン　デム　バーンホーフ　イスト　デア　ズーパーマふクト

Neben dem Bahnhof ist der Supermarkt.

駅のとなりにはスーパーがあります。（この文では「駅のとなり」がポイント）

もう一つ重要なのは、ドイツ語の語順は基本的に英語とさかさまで日本語と同じです。ドイツ語は潜在的には日本語のように動詞が後ろにある言語です（詳しくは P.76 ～ 87）。

ポイント 3　ドイツ語は動詞に接頭辞がついて言葉の意味を広げる

英語には *come* ― *become*, *stand* ― *understand* のように動詞の前に *be-* や *under-* が付いた動詞があります。しかしこうした語は数えるほどしかありません。一方ドイツ語では、たとえば be- のついた動詞は 100 以上あります。このほかに *stand up* のような語も動詞が後ろのドイツ語では *up-stand* のように動詞の前に接頭辞（これを「前つづり」と呼びます）が付いた形のものが複数存在します（詳しくは P.108 ～ 115）。

この本は、とりあえず簡単なことがわかるようにさらっと浅く見渡すという本ではありません。ドイツ語を特徴づけているこの 3 つのポイントに焦点を絞って、ドイツ語でどうしても突破しなければならない原理原則を基本から学びます。頭だけではなく、手で書いて、声に出して発音することでしっかり定着させてください。音声ファイルをうまく活用して、言える例文を増やすのが上達のコツです。

この本を突破してぜひ次のステップに進んでください。

本書と音声ダウンロードの使い方

本書は効果的に初級ドイツ語を学習するため、３つの章から構成されています。
音声ファイルも活用しながら、正しい発音を身につけましょう。

❶解説

基本文法の構造や使い方を、例文を交えて解説しています。

DL 0_00 音声再生マーク

番号のファイルを再生して、発音を確認しましょう。

❷発音してみよう

左ページで学習したことを、実際に発音して覚えましょう。強く発音される箇所は太字になっています。

❶書いてみよう

実際に例文を書いて覚えましょう。

❷聞いてみよう

音声を聞いてドイツ語の文を完成させましょう。

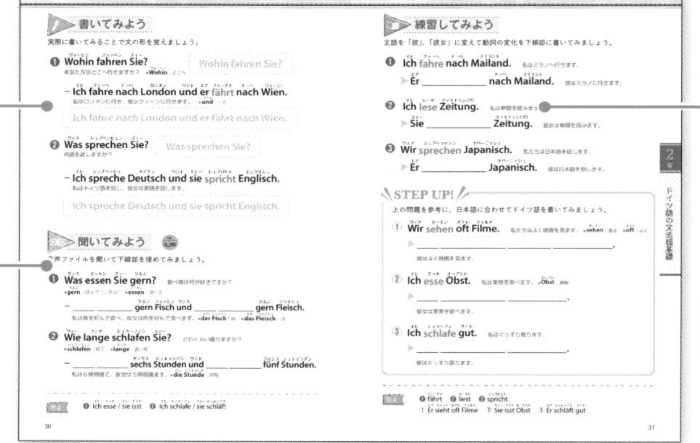

❸練習してみよう

各項目で学習したことを復習するための問題です。各項目のまとめとして問題を解き、しっかり知識を定着させましょう。

❖ 音声ダウンロードについて

音声ファイルはナツメ社のウェブサイト（https://www.natsume.co.jp）の「音声 DL 版 オールカラー 超入門！書いて覚えるドイツ語ドリル」のページよりダウンロードできます。
ファイルを開く際には以下のパスワードをご入力ください。

パスワード：ntm75361

ダウンロードした音声は、パソコンやスマホのMP3対応のオーディオプレーヤーで再生できます。

ドイツ語の発音とつづりの読み方

ドイツ語の文字であるアルファベートのつづりと発音を学習します。
発音のルールを覚えて読み書きできるようになりましょう。

1-1 ドイツ語のアルファベートと母音

まずはドイツ語のアルファベートの読み方を覚えて、
母音の発音の仕方を確認しましょう。

ドイツ語のアルファベート

ドイツ語では英語と同じように26文字のアルファベットを使用し、アルファベートと呼びます。つづりと読み方を確認しながら、音声ファイルに続いて発音してみましょう。

アルファベート	発音記号	アルファベート	発音記号
アー A a	aː	エヌ N n	ɛn
ベー B b	beː	オー O o	oː
ツェー C c	tseː	ペー P p	peː
デー D d	deː	クー Q q	kuː
エー E e	eː	エふ R r	ɛʀ
エフ F f	ɛf	エス S s	ɛs
ゲー G g	geː	テー T t	teː
ハー H h	haː	ウー U u	uː
イー I i	iː	ファオ V v	faʊ
ヨット J j	jɔt	ヴェー W w	veː
カー K k	kaː	イクス X x	ɪks
エル L l	ɛl	㋑プスィロン Y y	ʏpsilɔn
エム M m	ɛm	ツエット Z z	tsɛt

ウムラウトとエスツェット

ドイツ語では26文字のアルファベート以外に3つのウムラウトとエスツェットがあります。ウムラウトはA,O,Uの上に‥をつけることで音が変わることを示しています。ßはssを一文字に書き換えたものです。

		発音記号
ウムラウト	エー Ä ä	ɛː
	㋓ー Ö ö	øː
	㋑ー Ü ü	yː
エスツェット	エスツェット ß	s

ドイツ語の母音

ドイツ語では母音の数が日本語（ア、イ、ウ、エ、オ）より１つ多く、［エ］が２種類あります。

発音記号で [eː] の音は、唇の両端を横に引いて発音します。これだけでドイツ語らしい音になります。アルファベートの B、C、D、E などに含まれる音です。もう一つは発音記号で [ɛː] と表し、ä の音です。少し口を広めに開けて発音しますが、日本語と同じ［エ］と考えて大丈夫です。

ドイツ語の母音の発音のしかたを下の図を見て確認してみましょう。日本語のア・イ・ウ・エ・オの位置を参考に入れてあります。日本語とのちがいの大きい [eː] と [uː] が要注意です。

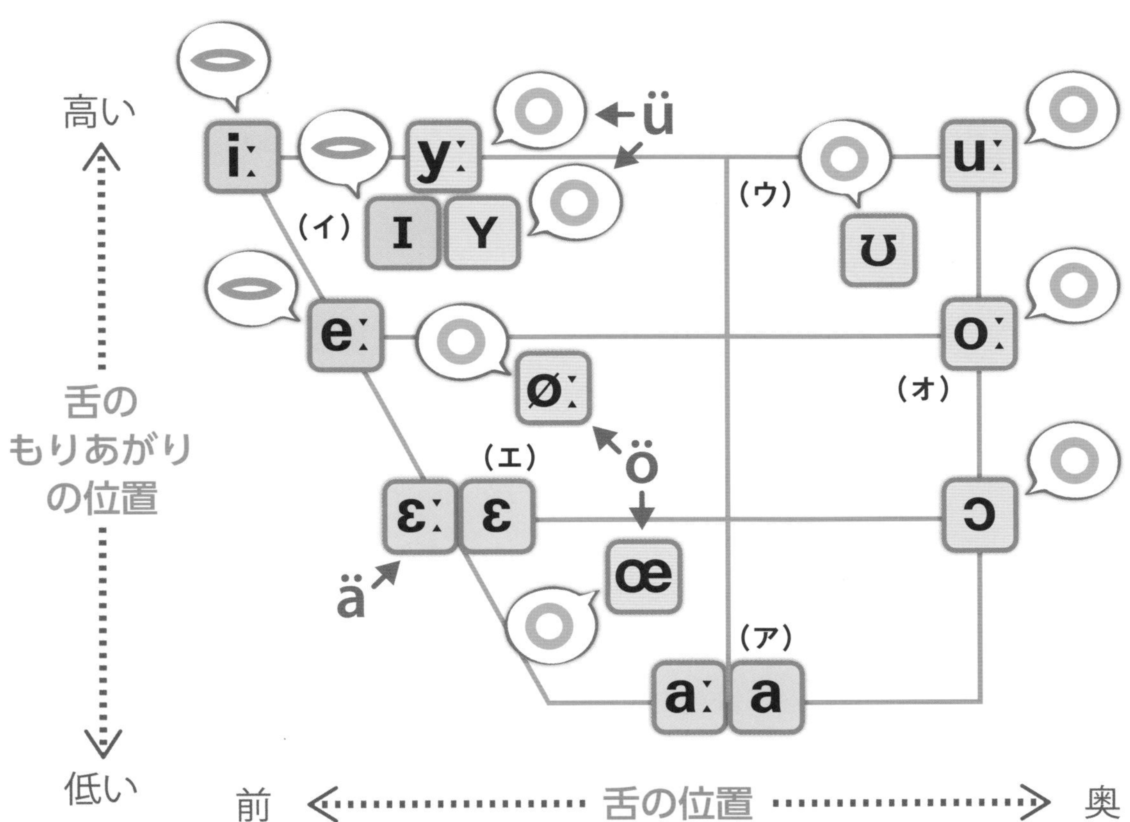

：唇を丸めて発音

：唇を横に引っ張って発音

ɛ,ɛː：口を開きめで発音

a,aː：口を大きく開けて発音

母音の発音

DL 1_03

それでは、母音の発音を詳しく確認してみましょう。母音字の読み方は簡単で、基本はローマ字のように読めばOKです。ただし、ドイツ語では長く読まれるときと、短く読まれるときがあります。音声ファイルをよく聴いてまねしてみましょう。

A a

[aː]	ダーメ **Dame** 婦人	ハーベン **haben** 持っている	プラーン **Plan** 計画
[a]	バンク **Bank** 銀行	バル **Ball** ボール	ランペ **Lampe** ランプ

E e 長音は口を横に引く

[eː]	ゲーベン **geben** 与える	レーベン **leben** 生きている	レーダー **Leder** 革
[ɛ]	ベスト **best** 最高の	ベット **Bett** ベッド	エンデ **Ende** 終わり

I i

[iː]	ビーベル **Bibel** 聖書	イーゲル **Igel** ハリネズミ	ティーテル **Titel** 肩書
[ɪ]	ビッテン **bitten** 頼む	フィルム **Film** 映画	リッペ **Lippe** 唇

O o

[oː]	ドーム **Dom** 大聖堂	モーデ **Mode** 流行	トーン **Ton** 音
[ɔ]	ゴット **Gott** 神	コメン **kommen** 来る	オンケル **Onkel** 叔父

U u

[uː]	グート **gut** 良い	フート **Hut** 帽子	クーゲル **Kugel** 球
[ʊ]	クス **Kuss** キス	ルフト **Luft** 空気	ヌス **Nuss** ナッツ

母音の長短 

母音が長く読まれるか短く読まれるかは、基本は後に続く子音字の数によります。1つなら長く、2つ以上なら短く発音されます。次の似た単語同士を比べてみてください。

エーベン **eben** 平らな	エッベン **ebben** 潮がひく	シャール **Schal** マフラー	シャル **Schall** 音

ウムラウトの発音 

続いてウムラウトの発音について詳しく確認します。

äはふつうに[エ]

ä の短音は発音記号からもわかるように e の短音とまったく同じ音です。長音に関してはふつうに［エー］で OK です。ä ではなく、ふつうの e の音［eː］を口を横に引っ張って出すのがポイントです。

öとüは口を丸くした㋓と㋑

ö と ü は［ウ］の音を出すときのように、口を丸めるようにして発音します。ö は丸口のエ、ü は丸口のイです。音声ファイルをよく聞いてください。また、本書では口を丸めること強調するために、ö と ü の音のルビは◯をつけて表します。

Ä ä

[ɛː]	ケーゼ **Käse** チーズ	シュレーガー **Schläger** ラケット
[ɛ]	ベッカー **Bäcker** パン屋	ケルテ **Kälte** 寒さ

Ö ö

[øː]	シ㋓ーン **schön** 美しい	㋬ーヘン **hören** 聞く
[œ]	㋘ネン **können** できる	㋘ルン **Köln** ケルン

Ü ü

[yː]	㋑ーベン **üben** 練習する	㋑ーバー **über** 〜の上に
[Y]	フ㋑レン **füllen** 満たす	グ㋷ック **Glück** 幸運

1-2 ドイツ語の音とつづり

ドイツ語の母音は発音できるようになりましたか？
ここでは、子音も含めたドイツ語の発音を確認します。

ドイツ語の発音

ドイツ語の発音は基本的にはローマ字のように読めばよいので日本人でも取り組みやすいです。ここでは注意すべき発音を紹介しますので、音声ファイルを聞きながら確認してください。

母音のあとの h

母音の後ろに h がある場合は、前の母音を長く読みます。

Bahn（バーン）鉄道　**gehen**（ゲーエン）行く　**Kohl**（コール）キャベツ

ie の読み方

ie と続けて書かれた場合、［イー］という発音になります。

Fieber（フィーバー）熱　**Knie**（クニー）ひざ　**Liebe**（リーベ）愛

母音（a と e と o）の重ね書き

母音が重ね書きされたときは、［アア］のように二度読むのではなく、［アー］と伸ばしましょう。

Haar（ハーふ）髪の毛　**Tee**（テー）紅茶　**Boot**（ボート）ボート

二重母音 ei, au, eu (äu)

ei（アイ）, au（アオ）, eu（オイ）（äu（オイ））は文字と音が大きく異なるので注意しましょう。

Bein（バイン）脚　**Eis**（アイス）アイスクリーム

Baum（バオム）木　**Haus**（ハオス）家

Deutsch（ドイチュ）ドイツ語　**träumen**（トほイメン）夢を見る

語末の -er

語末に置かれた -er は弱く［アー］と発音されます。

Butter（ブッター）バター　**Feuer**（フォイアー）火　**Mutter**（ムッター）母親

r の母音化

長母音の後の r は後ろに母音が来ないと［ ア ］になります。

ビーア **Bier** ビール　　テ(ィ)ーア **Tür** ドア　　ウーア **Uhr** 時計

語末の b,d,g

b, d, g は語末に来ると濁らなくなります（b は p になります）。

ゲルプ **gelb** 黄色の　　ハルプ **halb** 半分の

アーベント **Abend** 晩　　ハント **Hand** 手

フルークツォイク **Flugzeug** 飛行機　　ターク **Tag** 日

ch は a,o,u,au の後ろでは［ x ］［ ハ ］

寒いときに手にハーハーと息を吹きかける喉をこする音になります。

バッハ **Bach** 小川　　コッホ **Koch** 料理人　　ブーフ **Buch** 本　　バオホ **Bauch** お腹

そのほかの場合は［ç］［ ヒ ］の音になります。

イヒ **ich** 私は　　(キ)ッヒェ **Küche** キッチン　　メーアヒェン **Märchen** 童話

j [j] の発音

j は日本語のヤユヨのような音になります。

ヤー **ja** はい　　ヤーパン **Japan** 日本　　イェッツト **jetzt** 今

母音の前の s

s は母音が続いた場合［z］の音になります。

ザーゲン **sagen** 言う　　ゾーン **Sohn** 息子　　ゾンネ **Sonne** 太陽

ss と ß（濁らない［s］）

ß は 1 文字分、ss は 2 文字分の子音と考え、前の母音の長短と対応します（P.11 参照）。

エッセン **essen** 食べる　　フルス **Fluss** 川　　(キ)ッセン **küssen** キスする

フース **Fuß** 足　　グ(ロ)ース **groß** 大きい　　グ(ユ)ーセン **grüßen** あいさつする

sch の発音

sch [ʃ] は英語の sh にあたる [シュ] の音になります。

シュはイベン **schreiben** 書く　シューレ **Schule** 学校　エングリッシュ **Englisch** 英語

tsch の発音

tsch [tʃ] は英語の ch[チュ] の音になります。

ドイチュ **deutsch** ドイツ［語］の　チェッヒェ **Tscheche** チェコ人

sp [ʃp] と st [ʃt]

語頭の sp, st の s は [シュ] と発音されます。

シュピール **Spiel** 遊び　シュプヘッヒェン **sprechen** 話す　シュポふト **Sport** スポーツ

シュトゥール **Stuhl** いす　シュテーエン **stehen** 立っている　シュタイン **Stein** 石

ほル·シュトゥール Rollstuhl「車いす」のように複合語の後半部分になっている場合も語頭と同じ発音になります。

ベスト best のように語頭でなければふつうに [st] の音になります。

v [f] と w [v]

ドイツ語の v は f の音、w は英語の v の音になります。

ファーター **Vater** 父親　フォーゲル **Vogel** 鳥　フォルク **Volk** 国民

ヴァッサー **Wasser** 水　ヴェーク **Weg** 道　ヴァイン **Wein** ワイン

z の発音

z [ts] はツァ、ツィ、ツの音になります。

ツァール **Zahl** 数　ツァイト **Zeit** 時間　ホルツ **Holz** 木

pf [pf] の発音

一息で p と f を出します。f の準備をしておいてそれに p を重ねるイメージです。

アプフェル **Apfel** リンゴ　プファイフェ **Pfeife** パイプ　プフェーアト **Pferd** 馬

chs [ks] は [クス]

後ろに母音が来ても s は濁りません。

ダックス **Dachs** アナグマ　フックス **Fuchs** キツネ　ヴァクセン **wachsen** 成長する

qu の発音

DL 1_09

q には必ず u が続き［kv/ クヴ］と読みます。

Qual（クヴァール） 苦痛　**Quelle**（クヴェレ） 泉　**Quittung**（クヴィットゥン(グ)） 領収書

語末の -ig

語末の -ig は［イヒ］と発音します。

Honig（ホーニヒ） はちみつ　**König**（㋘ーニヒ） 王　**richtig**（ひヒティヒ） 正しい

後に母音が続くと [g] の音が復活します。

Königin（㋘ーニギン） 女王　**wenige**（ヴェーニゲ） 少しの

ng [ŋ] は 2 文字でひとつの音

次の 2 つの単語の発音記号を確認してみましょう。

Dank（ダンク） [daŋk] 感謝　**Ring**（ひン(グ)） [ʀɪŋ] 指輪

Ring の発音は [ʀɪŋk] でも [ʀɪŋg] でもありません。説明が少し細かすぎますが、切らずに一息で発音する、と思っていてください。左ページの English の発音が［エン・グリッシュ］にならないと考えればイメージしやすいでしょう。

Wohnung（ヴォーヌン(グ)） 住まい　**lang**（ラン(グ)） 長い

l と r の発音

l [l]：舌先を上の歯茎のところにつけて声を出します。

Land（ラント） 国　**Licht**（リヒト） 光　**Mantel**（マンテル） コート

r [ʀ, ʁ]：のどの奥の方を狭めてのどひこをふるわせて出します。
試しに日本語の「ラリルレロ」を出してみてください。舌の先が口の天井にあたっていますね。舌が動いてはそこで音が作られてしまうので決して r の音は出ません。つまり r の音を出すには「ラリルレロ」になってはいけないということです。ach（アッハ）の［ハ］の音を出すようなつもりで試してみてください。舌が動いてしまうようなら舌先を l とは逆に下の歯茎に押し付けて楽に息あるいは声を出してみましょう。のどひこがふるえるようになると思います。日本語の「ラリルレロ」を出しては伝わらないので「はひふへほ」とルビを振ります。

Rat（はート） 助言　**rot**（ほート） 赤い　**Rede**（へーデ） スピーチ　**Brunnen**（ブふンネン） 泉

1-3 ドイツ語の数字

発音の最後は数字の読み方を勉強します。
これまでの読み方がすべて入っています。しっかり声に出して確認しましょう。

ドイツ語の数字

ドイツ語の数の数え方を練習しましょう。まずは音声ファイルを聞いて、声に出しながら練習してみましょう。最後はドイツ語を隠して数を言えるようにしましょう。

数字	読み方	数字	読み方	数字	読み方
1	アインス **eins**	11	エルフ **elf**		
2	ツヴァアィ **zwei**	12	ツヴ㋓ルフ **zwölf**	20	ツヴァンツィヒ **zwanzig**
3	ドゥはィ **drei**	13	ドゥはイツェーン **dreizehn**	30	ドゥはイスィヒ **dreißig**
4	フィーア **vier**	14	フィふツェーン **vierzehn**	40	フィふツィヒ **vierzig**
5	フ㋑ンフ **fünf**	15	フ㋑ンフツェーン **fünfzehn**	50	フ㋑ンフツィヒ **fünfzig**
6	ゼックス **sechs**	16	ゼヒツェーン **sechzehn**	60	ゼヒツィヒ **sechzig**
7	ズィーベン **sieben**	17	ズィープツェーン **siebzehn**	70	ズィープツィヒ **siebzig**
8	アハト **acht**	18	アハツェーン **achtzehn**	80	アハツィヒ **achtzig**
9	ノイン **neun**	19	ノインツェーン **neunzehn**	90	ノインツィヒ **neunzig**
10	ツェーン **zehn**			100	フンダート **hundert**
				1000	タオゼント **tausend**

13～19は前の方に
アクセントがあるよ

20以上の数字

DL 1_12

20以上は1の位から読みます。und（ウント）は英語の *and* にあたる語です。

21 einundzwanzig（アイン ウント ツヴァンツィヒ） (1 *and* 20)

22 zweiundzwanzig（ツヴァイ ウント ツヴァンツィヒ） (2 *and* 20)

26 sechsundzwanzig（ゼックス ウント ツヴァンツィヒ） (6 *and* 20)

100以上は、100と言ってから1の位、10の位となります。

134 (ein) hundertvierunddreißig（（アイン） フンダート フィーア ウント ドゥはイスィヒ）

1000以上は、1000の位と言ってからあとは同様に読みます。

2345 zweitausenddreihundertfünfundvierzig（ツヴァイ タオゼント ドゥはイ フンダート フ㋑ンフ ウント フィふツィヒ）

練習してみよう

次の数字の読み方を書いてみましょう。

❶ 45 ______________________

❷ 87 ______________________

❸ 378 ______________________

❹ 4692 ______________________

答え

❶ fünfundvierzig（フ㋑ンフウントフィふツィヒ） ❷ siebenundachtzig（ズィーベンウントアハツィヒ） ❸ dreihundertachtundsiebzig（ドゥはイフンダートアハトウントズィーブツィヒ）
❹ viertausendsechshundertzweiundneunzig（フィーアタオゼントゼックスフンダートツヴァイウントノインツィヒ）

ドイツ語と英語の似ている単語

ドイツ語と英語には似ている単語がたくさんあります。

ナーメ **Name**（*name*）

上の「名前」という単語は、英語から見ると拍子抜けしそうな読み方ですね。ドイツ語は a と書いてあれば［ア］あるいは［アー］としか読みません。［ei］（*name*）とか［æ］（*cat*）とか［ɔː］（*call*）とかいろいろな読み方のある英語とは大違いです。発音も素直な音で、日本人には英語よりはるかに楽です。このほかにも、ドイツ語には英語とよく似た単語がたくさんあります：

アふム **Arm** (*arm*) 腕　ブーフ **Buch** (*book*) 本　ブッター **Butter** (*butter*) バター　フィンガー **Finger** (*finger*) 指
フィッシュ **Fisch** (*fish*) 魚　フース **Fuß** (*foot*) 足　ハオス **Haus** (*house*) 家　カッツェ **Katze** (*cat*) 猫
リヒト **Licht** (*light*) 光　ミルヒ **Milch** (*milk*) ミルク　ヌンマー **Nummer** (*number*) 番号
シューレ **Schule** (*school*) 学校　ヴァッサー **Wasser** (*water*) 水　ヴェター **Wetter** (*weather*) 天気

家族の名前も：

ファーター **Vater** (*father*) 父親　ムッター **Mutter** (*mother*) 母親　オンケル **Onkel** (*uncle*) 叔父　ゾーン **Sohn** (*son*) 息子
トホター **Tochter** (*daughter*) 娘　ブふーダー **Bruder** (*brother*) 兄・弟　シュヴェスター **Schwester** (*sister*) 姉・妹

動詞もこのとおり：

ダンケン **danken** (*thank*) 感謝する　デンケン **denken** (*think*) 考える　フィンデン **finden** (*find*) 見つける
ゲーベン **geben** (*give*) 与える　ゲーエン **gehen** (*go*) 行く　ハーベン **haben** (*have*) 持っている
ヘルフェン **helfen** (*help*) 手を貸す　コメン **kommen** (*come*) 来る　マッヘン **machen** (*make*) 作る
ゼーエン **sehen** (*see*) 見る　シュプヘッヒェン **sprechen** (*speak*) 話す　ズィンゲン **singen** (*sing*) 歌う
ズィッツェン **sitzen** (*sit*) 座っている　トひンケン **trinken** (*drink*) 飲む

これはほんの一例です。ドイツ語はわからない、と言う前に、もしかしたら英語のあの単語かも … とちょっと考えてみると意外と意味がわかるかもしれません。

それではここでクイズです。次のドイツ語の単語の意味を当ててください。

❶ ベット **Bett**　❷ ガふテン **Garten**　❸ カふテ **Karte**　❹ シッフ **Schiff**　❺ ゾンマー **Sommer**
❻ ヴォふト **Wort**　❼ レふネン **lernen**　❽ シュヴィメン **schwimmen**　❾ ヴァッシェン **waschen**

答え

❶ ベッド (*bed*)　❷ 庭 (*garden*)　❸ カード (*card*)　❹ 船 (*ship*)　❺ 夏 (*summer*)
❻ 単語 (*word*)　❼ 習う (*learn*)　❽ 泳ぐ (*swim*)　❾ 洗う (*wash*)

ドイツ語の文法超基礎

この章ではドイツ語の基本文法を学習します。
動詞の変化や名詞の性など日本語とのちがいを意識して学習しましょう。

2-1 人称代名詞と動詞の現在人称変化①

この項目では人称代名詞と、「wohnen」（住んでいる）という動詞を使って
動詞の１人称の人称変化を学びます。

イヒ **Ich**	ヴォーネ **wohne**	イン　ベふリーン **in Berlin.**
主語	動詞	場所の副詞句

私は　ベルリンに　住んでいます。

ドイツ語の人称代名詞

DL 2_01

上の例文の主語に注目してください。日本語の「私は」はドイツ語の「Ich」に対応しています。まずは、ドイツ語における人称代名詞を一覧表で確認しましょう。

		単数	複数
１人称	私は	イヒ **ich**	ヴィア **wir**
２人称	君は	ドゥー **du**	イア **ihr**
	あなたは	ズィー **Sie**	ズィー **Sie**
３人称	彼は	エア **er**	ズィー **sie**
	それは	エス **es**	
	彼女は	ズィー **sie**	

２つの２人称代名詞 du, ihr ⇔ Sie

２人称には、家族や友だちなど、距離を置かずに話す相手に使う du, ihr と、一定の距離を置く相手に対して使う Sie（単複同形：必ず大文字で書き始めます）の２つの人称代名詞があります。
旅行や買い物などでは Sie を使いますから、この本ではまず Sie をマスターします。

一人称による動詞の変化

英語では動詞の現在形は 3 人称・単数で *-s* が付くだけですが、ドイツ語の動詞は主語の人称・数に応じて動詞の形が変化します。

それでは，「wohnen（ヴォーネン）」を例に動詞の 1 人称の変化を見てみましょう。

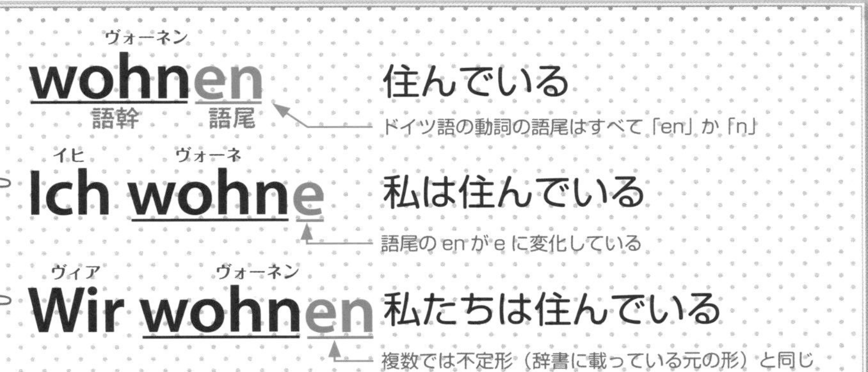

ヴォーネン
wohnen
語幹
語尾
住んでいる
ドイツ語の動詞の語尾はすべて「en」か「n」
イヒ ヴォーネ
Ich wohne
私は住んでいる
語尾の en が e に変化している
ヴィア ヴォーネン
Wir wohnen
私たちは住んでいる
複数では不定形（辞書に載っている元の形）と同じ

このように、主語が 1 人称単数のときは動詞の語尾は -e となり、1 人称複数では -en となります。

動詞の人称変化した形は「定形」と呼ぶよ

発音してみよう

音声の後に続いて発音してみましょう。慣れてきたらテキストを見ずに言ってみましょう。

また，地図でそれぞれの都市がどこにあるか確認してみましょう。

✻ 単数のとき

イヒ ヴォーネ イン べふリーン

Ich wohne in Berlin.

私はベルリンに住んでいます。

イヒ ヴォーネ イン ミュンヒェン

Ich wohne in München.

私はミュンヘンに住んでいます。

✻ 複数のとき

ヴィア ヴォーネン イン フはンクフふト

Wir wohnen in Frankfurt.

私たちはフランクフルトに住んでいます。

書いてみよう

実際に書いてみることで文の形を覚えましょう。

❶ **Ich wohne in Hamburg.**（イヒ ヴォーネ イン ハンブルク）
私はハンブルクに住んでいます。

Ich wohne in Hamburg.

❷ **Wir wohnen in Köln.**（ヴィア ヴォーネン イン ケルン）
私たちはケルンに住んでいます。

Wir wohnen in Köln.

ドイツ語の ich（イヒ）は英語の *I* に相当する語だけど、文頭以外では小文字で書くんだ

練習してみよう

（　　　）の中に不定形であげた動詞を現在人称変化させて「私は .... です」という文をつくって自己紹介してみましょう。

❶ **Ich ________________ Yamada.（heißen**：～という名前である**）**（イヒ ヤマダ ハイセン）
私は山田と言います。

❷ **Ich ________________ aus Japan.（kommen**：来る**）**（イヒ アオス ヤーパン コメン）
私は日本から来ました。

❸ **Ich ________________ in Kamakura.（wohnen**：住んでいる**）**（イヒ イン カマクラ ヴォーネン）
私は鎌倉に住んでいます。

❹ **Ich ________________ Deutsch.（lernen**：学ぶ**）**（イヒ ドイチュ レるネン）
私はドイツ語を勉強しています。

❺ **Ich ______________ ein bisschen Deutsch.（sprechen**：話す**）**（イヒ アイン ビスヒェン ドイチュ シュプヘッヒェン）
私は少しドイツ語を話します。　▸**bisschen**（ビスヒェン）：少しの

ドイツ語には英語の進行形に当たるような形はないんだ。「～する」も「～している」も同じ形になるよ

答え　❶ heiße（ハイセ）　❷ komme（コメ）　❸ wohne（ヴォーネ）　❹ lerne（レるネ）　❺ spreche（シュプヘッヒェ）

STEP UP!

DL 2_03

左のページで練習した文を使って質問に答えてみましょう。問題を解き終わったら、音声を聞いて発音してみることで自己紹介の練習をしてみましょう。

① **Wie heißen Sie?** (ヴィー ハイセン ズィー)

あなたの名前は何ですか？ ▸**wie** (ヴィー)：どのように

– ______ ______________ ______________.

私の名前は○○です。

② **Woher kommen Sie?** (ヴォーヘア コメン ズィー)

あなたはどこから来たのですか？ ▸**woher** (ヴォーヘア)：どこから

– ______ ______________ **aus** (アオス) ______________.

私は○○から来ました。

③ **Wo wohnen Sie?** (ヴォー ヴォーネン ズィー)

あなたはどこに住んでいますか？ ▸**wo** (ヴォー)：どこに

– ______ ______________ **in** (イン) ______________.

私は○○に住んでいます。

④ **Was machen Sie hier?** (ヴァス マッヘン ズィー ヒーア)

あなたはここで何をしていますか？ ▸**was** (ヴァス)：なに ▸**machen** (マッヘン)：する ▸**hier** (ヒーア)：ここで

– ______ ______________ ______________.

私はドイツ語を勉強しています。

⑤ **Sprechen Sie Deutsch?** (シュプヘッヒェン ズィー ドイチュ)

あなたはドイツ語を話しますか？

–**Ja,** (ヤー) _____ ____________ _____ ____________ ____________.

はい、私はドイツ語を少し話します。

答え

① Ich heiße (イヒ ハイセ)（あなたの名前） ② Ich komme (イヒ コメ) /（あなたの出身地）
③ Ich wohne (イヒ ヴォーネ) /（あなたの住んでいるところ） ④ Ich lerne Deutsch (イヒ レふネ ドイチュ)
⑤ ich spreche ein bisschen Deutsch (イヒ シュプヘッヒェ アイン ビスヒェン ドイチュ)

2章 ドイツ語の文法超基礎

2-2 動詞の現在人称変化②

この項目では、一人称以外での動詞の変化を確認します。
友だちのことを紹介してみましょう。

Er（エア） heißt（ハイスト） John.（ジョン）
主語 動詞 述語名詞

彼は ジョン という名前です。

ドイツ語の現在人称変化

1人称の人称変化を学んだので、続いてその他の人称による変化を見ていきます。上の例文では、主語「er（エア）」に対して、動詞「heißen（ハイセン）」が「heißt（ハイスト）」に変化しています。また、2人称の人称代名詞 Sie（ズィー）は、3人称複数の sie（ズィー）を大文字にしたものなので、動詞の人称変化形は3人称複数と同じになります。

	単数	複数
1人称	ich（イヒ） ——e	wir（ヴィア） ——en
2人称	Sie（ズィー） ——en	Sie（ズィー） ——en
3人称	er/es/sie（エア エス ズィー） ——t	sie（ズィー） ——en

表を見ればわかるように、1人称単数 ich（イヒ）と3人称単数 er/es/sie（エア エス ズィー）の箇所以外は常に不定形と同じ形になるということです。

du（ドゥー）と ihr（イア）の人称変化

初対面の人とはまず Sie（ズィー）を使って話すことになりますが、親しく付き合う間柄の人ができたら、「これからは du（ドゥー）で話しましょう」と言って du（ドゥー）、相手が複数のときは ihr（イア）で呼び合うようになります。ドイツ語は友だちと話しているうちにみるみる上達していきます。この本では、まず Sie（ズィー）をマスターしましょう。

	単数	複数
2人称	du（ドゥー） ——st	ihr（イア） ——t

発音してみよう

それでは John（ジョン）を紹介してみましょう。John（ジョン）の自己紹介に続いて、主語を er（エア）に変えて動詞を人称変化させます。音声ファイルに続いて声に出して練習しましょう。

イヒ ハイセ ジョン
Ich heiße John.

私の名前はジョンです。

エア ハイスト ジョン
▶ **Er heißt John.**

彼の名前はジョンです

イヒ コメ アオス エングラント
Ich komme aus England.

私はイギリスから来ました。

エア コムト アオス エングラント
▶ **Er kommt aus England.**

彼はイギリスから来ました。

イヒ ヴォーネ イン ハンブふク
Ich wohne in Hamburg.

私はハンブルクに住んでいます。

エア ヴォーント イン ハンブふク
▶ **Er wohnt in Hamburg.**

彼はハンブルクに住んでいます。

イヒ レふネ ドイチュ
Ich lerne Deutsch.

私はドイツ語を勉強しています。

エア レふント ドイチュ
▶ **Er lernt Deutsch.**

彼はドイツ語を勉強しています。

書いてみよう

今度は Sachiko（サチコ）を紹介してみましょう。なぞって書くことで文の形を覚えます。

❶ イヒ　ハイセ　サチコ
Ich heiße Sachiko.
私の名前はサチコです。

Ich heiße Sachiko.

ズィー　ハイスト　サチコ
▶ **Sie heißt Sachiko.**
彼女の名前はサチコです。

Sie heißt Sachiko.

❷ イヒ　コメ　アオス　ヤーパン
Ich komme aus Japan.
私は日本から来ました。

Ich komme aus Japan.

ズィー　コムト　アオス　ヤーパン
▶ **Sie kommt aus Japan.**
彼女は日本から来ました。

Sie kommt aus Japan.

❸ イヒ　ヴォーネ　イン　ザルツブふク
Ich wohne in Salzburg.
私はザルツブルクに住んでいます。

Ich wohne in Salzburg.

ズィー　ヴォーント　イン　ザルツブふク
▶ **Sie wohnt in Salzburg.**
彼女はザルツブルクに住んでいます。

Sie wohnt in Salzburg.

❹ イヒ　レふネ　アオホ　ドイチュ
Ich lerne auch Deutsch.
私もドイツ語を学んでいます。　▶**auch**（アウフ）：～も

Ich lerne auch Deutsch.

ズィー　レふント　アオホ　ドイチュ
▶ **Sie lernt auch Deutsch.**
彼女もドイツ語を学んでいます。

Sie lernt auch Deutsch.

練習してみよう

それでは現在人称変化の練習です。主語に合わせて動詞の形を変えてみましょう。

❶ Ich trinke Kaffee.（イヒ トひンケ カフェー） 私はコーヒーを飲みます。 ▸trinken（トひンケン）：飲む ▸Kaffee（カフェー）：コーヒー

▶ Wir（ヴィア） ＿＿＿＿＿＿ Kaffee.（カフェー） 私たちはコーヒーを飲みます。

❷ Sie singt gut.（ズィー ズィングト グート） 彼女は歌が上手です。 ▸singen（ジンゲン）：歌う ▸gut（グート）：上手な／上手に

▶ Sie（ズィー） ＿＿＿＿＿＿ gut.（グート） 彼らは歌が上手です。

❸ Wir spielen Tennis.（ヴィア シュピーレン テニス） 私たちはテニスをします。 ▸spielen（シュピーレン）：（遊び・ゲームを）する

▶ Ich（イヒ） ＿＿＿＿＿＿ Tennis.（テニス） 私はテニスをします。

STEP UP!

日本語訳に合わせて下の文を書き換えてみましょう。

① Sie hören Musik.（ズィー ㋬ーヘン ムズィーク）
彼らは / あなたは音楽を聴きます。 ▸hören（㋬ーヘン）：聞く ▸Musik（ムズィーク）：音楽

▶ ＿＿＿ ＿＿＿＿＿＿ ＿＿＿＿＿＿.
彼女は音楽を聴きます。

② Ich koche gut.（イヒ コッヘ グート）
私は料理がうまいです。 ▸kochen（コッヘン）：料理する

▶ ＿＿＿ ＿＿＿＿＿＿ ＿＿＿＿＿＿.
彼は料理がうまいです。

2章 ドイツ語の文法超基礎

答え

❶ trinken（トひンケン） ❷ singen（ズィンゲン） ❸ spiele（シュピーレ）
① Sie hört Musik（ズィー ㋬ーアト ムズィーク） ② Er kocht gut（エア コホト グート）

2-3 du、er で母音が変わる動詞

ドイツ語には３人称単数現在形で幹母音が変わる（a → ä，e → i）動詞があります。
ここでは代表的な fahren（ファーヘン）と sprechen（シュプヘッヒェン）を確認してみましょう。

Er（エア） **fährt**（フェーアト） **nach München.**（ナーハ ミュンヒェン）
主語　動詞　方向の副詞句

彼は　ミュンヘンに　行きます。

文法ポイント 母音も変わる動詞の変化

語尾だけでなく母音も変わる動詞があります。例文では「fahren（ファーヘン）」の幹母音「a」が「ä」になっていることがわかります。代表的な「fahren（ファーヘン）」（[乗り物で] 行く）と「sprechen（シュプヘッヒェン）」（話す）の変化を確認し、同様の変化をする動詞も覚えましょう。

✻ fahren（ファーヘン）（[乗り物で] 行く） DL 2_05

◆ du（ドゥー）（君は）と３人称単数のときに、語幹の a が ä に変化する

	単数	複数
１人称	ich fahre（イヒ ファーヘ）	wir fahren（ヴィア ファーヘン）
２人称	Sie fahren（ズィー ファーヘン）	Sie fahren（ズィー ファーヘン）
３人称	er/es/sie fährt（エア エス ズィー フェーアト）	sie fahren（ズィー ファーヘン）
２人称（du（ドゥー））	du fährst（ドゥー フェーアスト）	ihr fahrt（イア ファーアト）

＊同じ変化をする主な動詞

fallen（ファレン）「落ちる」、waschen（ヴァッシェン）「洗う」、schlafen（シュラーフェン）「寝ている」、schlagen（シュラーゲン）「打つ」、tragen（トはーゲン）「運ぶ」

✻ sprechen（話す） DL 2_06

◆ du（君は）と３人称単数のときに、語幹の e が i に変化する

	単数	複数
１人称	ich spreche	wir sprechen
２人称	Sie sprechen	Sie sprechen
３人称	er/es/sie spricht	sie sprechen
２人称（du）	du sprichst	ihr sprecht

＊同じ変化をする主な動詞

brechen「壊す、壊れる」、essen「食べる」、helfen「手を貸す」、treffen「会う」、geben「与える」、lesen「読む」、sehen「見る」

※ lesen や sehen などの e が長く発音される動詞は語幹が ie と書かれる（er liest , er sieht）

発音してみよう

fahren と sprechen の３人称単数現在形での変化を練習します。
音声ファイルを聞いて発音してみましょう。

✻ fahrenの練習

◆主語の１人称から３人称単数への変化を確認しましょう。

Ich fahre nach München.	**Er fährt nach München.**
私はミュンヘンに行きます。	彼はミュンヘンに行きます。

▸nach：～へ

◆主語の１人称複数から３人称単数への変化を確認しましょう。

Wir fahren nach Rom.	**Sie fährt nach Rom.**
私たちはローマへ行きます。	彼女はローマへ行きます。

✻ sprechenの練習

◆主語の１人称から３人称単数への変化を確認しましょう。

Ich spreche Englisch.	**Sie spricht Englisch.**
私は英語を話します。	彼女は英語を話します。

実際に書いてみることで文の形を覚えましょう。

ヴォーヒン　ファーヘン　ズィー
❶ Wohin fahren Sie?
あなた方はどこへ行きますか？　▸**Wohin**（ヴォーヒン）：どこへ

Wohin fahren Sie?

イヒ　ファーヘ　ナーハ　ロンドン　ウント　エア　フェーアト　ナーハ　ヴィーン
– Ich fahre nach London und er fährt nach Wien.
私はロンドンに行き、彼はウィーンに行きます。　▸**und**（ウント）：〜と

Ich fahre nach London und er fährt nach Wien.

ヴァス　シュプヘッヒェン　ズィー
❷ Was sprechen Sie?
何語を話しますか？

Was sprechen Sie?

イヒ　シュプヘッヒェ　ドイチュ　ウント　ズィー　シュプひヒト　エングリシュ
– Ich spreche Deutsch und sie spricht Englisch.
私はドイツ語を話し、彼女は英語を話します。

Ich spreche Deutsch und sie spricht Englisch.

音声ファイルを聞いて下線部を埋めてみましょう。

ヴァス　エッセン　ズィー　ゲふン
❶ Was essen Sie gern?　食べ物は何が好きですか？
▸**gern**（ゲふン）：好んで（... する）　▸**essen**（エッセン）：食べる

ゲふン　フィッシュ　ウント　ゲふン　フライシュ
– ______ _________ gern Fisch und ______ _________ gern Fleisch.
私は魚を好んで食べ、彼女は肉を好んで食べます。▸**der Fisch**（デア フィッシュ）：魚　▸**das Fleisch**（ダス フライシュ）：肉

ヴィー　ランゲ　シュラーフェン　ズィー
❷ Wie lange schlafen Sie?　どれくらい眠りますか？
▸**schlafen**（シュラーフェン）：眠る　▸**lange**（ランゲ）：長い間

ゼックス　シュトゥンデン　ウント　フ⓪ンフ　シュトゥンデン
– ______ _________ sechs Stunden und ______ _________ fünf Stunden.
私は6時間寝て、彼女は5時間寝ます。▸**die Stunde**（ディ シュトゥンデ）：時間

❶ Ich esse / sie isst（イヒ エッセ / ズィー イスト）　❷ Ich schlafe / sie schläft（イヒ シュラーフェ / ズィー シュレーフト）

練習してみよう

主語を「彼」、「彼女」に変えて動詞の変化を下線部に書いてみましょう。

❶ Ich fahre nach Mailand.（イヒ ファーヘ ナーハ マイラント） 私はミラノへ行きます。

▶ Er ______ nach Mailand.（エア ナーハ マイラント） 彼はミラノに行きます。

❷ Ich lese Zeitung.（イヒ レーゼ ツァイトゥン(グ)） 私は新聞を読みます。 ▸**lesen**（レーゼン）：読む

▶ Sie ______ Zeitung.（ズィー ツァイトゥン(グ)） 彼女は新聞を読みます。

❸ Wir sprechen Japanisch.（ヴィア シュプヘッヒェン ヤパーニッシュ） 私たちは日本語を話します。

▶ Er ______ Japanisch.（エア ヤパーニッシュ） 彼は日本語を話します。

STEP UP!

上の問題を参考に、日本語に合わせてドイツ語を書いてみましょう。

① Wir sehen oft Filme.（ヴィア ゼーエン オフト フィルメ） 私たちはよく映画を見ます。 ▸**sehen**（ゼーエン）：見る ▸**oft**（オフト）：よく

▶ ______ ______ ______ ______.

彼はよく映画を見ます。

② Ich esse Obst.（イヒ エッセ オーブスト） 私は果物を食べます。 ▸**Obst**（オーブスト）：果物

▶ ______ ______ ______.

彼女は果実を食べます。

③ Ich schlafe gut.（イヒ シュラーフェ グート） 私はぐっすり眠ります。

▶ ______ ______ ______.

彼はぐっすり眠ります。

答え

❶ fährt（フェーアト） ❷ liest（リースト） ❸ spricht（シュプリヒト）

① Er sieht oft Filme（エア ズィート オフト フィルメ） ② Sie isst Obst（ズィー イスト オーブスト） ③ Er schläft gut（エア シュレーフト グート）

2章 ドイツ語の文法超基礎

2-4 sein の現在人称変化

ドイツ語の sein（ザイン）は英語の *be* にあたります。
英語と同様に重要動詞なのでしっかり覚えましょう。

Ich（イヒ） **bin**（ビン） **Japaner**（ヤパーナー） / **Japanerin.**（ヤパーナリン）
主語 動詞 述語名詞

私は 日本人 です。

sein（ザイン）の人称変化

sein（ザイン）はドイツ語の動詞の中でただひとつ複数形の定形が不定形と同じにならない動詞です。上の例文では「bin（ビン）」に変化しており、英語の *be* 動詞と同じように不規則な変化をします。下の表で変化を確認してみましょう。

✻ sein（ザイン）（～である）

	単数	複数
1人称	ich（イヒ） bin（ビン）	wir（ヴィア） sind（ズィント）
2人称	Sie（ズィー） sind（ズィント）	Sie（ズィー） sind（ズィント）
3人称	er/es/sie（エア エス ズィー） ist（イスト）	sie（ズィー） sind（ズィント）

2人称 du（ドゥー）, ihr（イア）の人称変化

2人称の Sie（ズィー）を使いこなせるようになったら、du（ドゥー）、ihr（イア）の人称変化も覚えましょう。

	単数	複数
2人称	du（ドゥー） bist（ビスト）	ihr（イア） seid（ザイト）

発音してみよう

音声ファイルに続いて発音してみましょう。sein（ザイン）の変化を確認してください。

ズィント　ズィー　ヤパーナひン
Sind Sie Japanerin?

あなたは日本人ですか？

ヤー　イヒ　ビン　ヤパーナひン
— **Ja, ich bin Japanerin.**

ええ、私は日本人です。

ヤパーナー
Japaner
（男性）

ヤパーナひン
Japanerin
（女性）

男性と女性の表し方

男性名詞に -in という接尾辞をつけて女性形が作られますが、現在では言語における男女同権への配慮から、男性形を総称として使うことを避けることが望ましいとされています。

（例）先生（男性）：der Lehrer，先生（女性）：die Lehrerin
　　　先生たち（男女）：die Lehrer und die Lehrerinnen（両性併記：複数形は P.48）

※先生（男女を問わず）：Lehrer*in, Lehrer:in, Lehrer_in など、性別を問わない一般名称の表記の試みも見られます。

ズィント　ズィー　アオス　ドイチュラント　フはオ　ヴェーバー
Sind Sie aus Deutschland, Frau Weber?

ヴェーバーさん、あなたはドイツのご出身ですか？

ナイン　イヒ　ビン　アオス　エースターはイヒ　イヒ　ビン　エースターはイヒャひン
— **Nein, ich bin aus Österreich. Ich bin Österreicherin.**

いいえ、私はオーストリアの出身です。オーストリア人です。

Frau（フはオ）～「～さん」は女性に対する呼びかけ。
男性に対しては Herr（ヘア）～を用います。

✻ 3人称単数でのseinの変化

ヴァス　イスト　ヘア　マイアー　フォン　べふーフ
Was ist Herr Meyer von Beruf?

マイアーさんの職業は何ですか？　▸**von Beruf**（フォン べふーフ）：職業上の（職業を尋ねるときの表現）

エア　イスト　アーふツト
— **Er ist Arzt.**

彼は医者です。　▸**Arzt**（アーふツト）：医者

実際に書いてみることで文の形を覚えましょう。

ズィント ズィー コへアーナー
❶ **Sind Sie Koreaner?**
あなたは韓国人ですか？

Sind Sie Koreaner?

ナイン イヒ ビン ヤパーナー
– **Nein, ich bin Japaner.**
いいえ，私は日本人です。

Nein, ich bin Japaner.

ヴァス イスト フはオ シュミット フォン べふーフ
❷ **Was ist Frau Schmitt von Beruf?**
シュミットさんの職業は何ですか？

Was ist Frau Schmitt von Beruf?

ズィー イスト シュトゥデンティン
– **Sie ist Studentin.**
彼女は大学生です。

Sie ist Studentin.

ドイツ語では
国籍や身分・職業を
言うときに
冠詞をつけないよ

音声ファイルを聞いて下線部を埋めましょう。

ヴァス イスト ヘア ミラー フォン べふーフ
❶ **Was ist Herr Müller von Beruf?** ミュラーさんの職業は何ですか？

ベアムター ベアムティン
■ Beamter/Beamtin「公務員」

– __________ __________ ____________________.

彼は公務員です。

ヴァス イスト フはオ ノイマン フォン べふーフ
❷ **Was ist Frau Neumann von Beruf?** ノイマンさんの職業は何ですか？

タクスィファーはー タクスィファーはひン
■ Taxifahrer/Taxifahrerin「タクシードライバー」

– __________ __________ ____________________.

彼女はタクシードライバーです。

エア イスト ベアムター ズィー イスト タクスィファーはリン
❶ Er ist Beamter ❷ Sie ist Taxifahrerin

練習してみよう

それでは sein（ザイン）の現在人称変化の練習です。日本語に合わせて、文章を書き換えてみましょう。

❶ **Ich bin Japaner.**（イヒ ビン ヤパーナー） 私は日本人です。

▶ ＿＿＿ ＿＿＿ ＿＿＿. 彼は日本人です。

❷ **Ich bin aus Japan.**（イヒ ビン アオス ヤーパン） 私は日本出身です。

▶ ＿＿＿ ＿＿＿ ＿＿＿ ＿＿＿. 私たちは日本出身です。

❸ **Ich bin Lehrer.**（イヒ ビン レーはー） 私は教師です。

▶ ＿＿＿ ＿＿＿ ＿＿＿. 彼女は教師です。

❹ **Sie ist Studentin.**（ズィー イスト シュトゥデンティン） 彼女は大学生です。

▶ ＿＿＿ ＿＿＿ ＿＿＿. 私は大学生です。

❺ **Sie ist aus Deutschland.**（ズィー イスト アオス ドイチュラント） 彼女はドイツの出身です。

▶ ＿＿＿ ＿＿＿ ＿＿＿ ＿＿＿. 彼らはドイツの出身です。

答え

❶ Er ist Japaner（エア イスト ヤパーナー） ❷ Wir sind aus Japan（ヴィア ズィント アオス ヤーパン） ❸ Sie ist Lehrerin（ズィー イスト レーはひン）
❹ Ich bin Student/Studentin（イヒ ビン シュトゥデント シュトゥデンティン） ❺ Sie sind aus Deutschland（ズィー ズィント アオス ドイチュラント）

2-5 haben の現在人称変化

ドイツ語の haben（ハーベン）（持つ）は英語の *have* と同様に非常に重要な動詞です。
haben（ハーベン）の現在形は３人称単数が hat（ハット）となります。

ゲルト
Geld.

主語　動詞　目的語

私は　お金を　持っています。

haben の人称変化

haben（ハーベン）の現在人称変化を下の表で確認しましょう。３人称単数形では b が落ちて hat（ハット）となるので注意しましょう。

✻ haben（ハーベン）（持っている）

	単数	複数
１人称	ich habe（イヒ ハーベ）	wir haben（ヴィア ハーベン）
２人称	Sie haben（ズィー ハーベン）	Sie haben（ズィー ハーベン）
３人称	er/es/sie hat（エア エス ズィー ハット）	sie haben（ズィー ハーベン）

発音してみよう

音声ファイルに続いて発音してみましょう。

Haben Sie Geld?（ハーベン ズィー ゲルト）　あなたはお金を持っていますか？　▸**Geld**（ゲルト）：お金

– **Ja, ich habe Geld.**（ヤー イヒ ハーベ ゲルト）　はい、お金を持っています。

Hat er auch Geld?（ハット エア アオホ ゲルト）　彼もお金を持っていますか？　▸**auch**（アオホ）：～もまた

書いてみよう

実際に書いてみることで文の形を覚えましょう。

❶時間があるか確認する

ハーベン　ズィー　ツァイト
Haben Sie Zeit?
あなたは時間がありますか？　▸**Zeit**（ツァイト）：時間

Haben Sie Zeit?

ヤー　イヒ　ハーベ　ツァイト
– Ja, ich habe Zeit.
ええ、あります。

Ja, ich habe Zeit.

ハット　エア　アオホ　ツァイト
Hat er auch Zeit?
彼も時間がありますか？

Hat er auch Zeit?

❷熱があるか確認する

ハーベン　ズィー　フィーバー
Haben Sie Fieber?
あなたは熱がありますか？　▸**Fieber**（フィーバー）：熱

Haben Sie Fieber?

ヤー　イヒ　ハーベ　フィーバー
– Ja, ich habe Fieber.
はい、熱があります。

Ja, ich habe Fieber.

ハット　エア　アオホ　フィーバー
Hat er auch Fieber?
彼も熱がありますか？

Hat er auch Fieber?

練習してみよう

例にならってお店で「～はありますか？」と聞いて下さい。書く際に声に出してみましょう。

（例）Bier（ビーア）「ビール」→ Haben（ハーベン） Sie（ズィー） Bier（ビーア）?（ビールはありますか？）

❶ Wein（ヴァイン）　ワイン

________ ________ ____________ ?

❷ Kaffee（カフェー）　コーヒー

________ ________ ____________ ?

❸ Tee（テー）　紅茶

________ ________ ____________ ?

❹ Milch（ミルヒ）　ミルク

________ ________ ____________ ?

2人称 du（ドゥー）, ihr（イア） の人称変化

DL 2_15

ドイツ語を話す友だちができたら、du（ドゥー）、ihr（イア） も使えるようになりましょう。

	単数	複数
2人称	du（ドゥー） hast（ハスト）	ihr（イア） habt（ハープト）

答え　❶ Haben（ハーベン） Sie（ズィー） Wein（ヴァイン）　❷ Haben（ハーベン） Sie（ズィー） Kaffee（カフェー）　❸ Haben（ハーベン） Sie（ズィー） Tee（テー）　❹ Haben（ハーベン） Sie（ズィー） Milch（ミルヒ）

動詞の現在人称変化まとめ

今まで学習した動詞の現在人称変化をまとめて確認しましょう。

✻語幹は変わらず語尾だけが変化する

	単数	複数
1人称	イヒ ich ——e	ヴィア wir ——en
2人称	ズィー Sie ——en	ズィー Sie ——en
3人称	エア エス ズィー er/es/sie ——t ※幹母音が変わるタイプの動詞もある	ズィー sie ——en
2人称	ドゥー du ——st ※幹母音が変わるタイプの動詞もある	イア ihr ——t

✻sein

	単数	複数
1人称	イヒ ビン ich bin	ヴィア ズィント wir sind
2人称	ズィー ズィント Sie sind	ズィー ズィント Sie sind
3人称	エア エス ズィー イスト er/es/sie ist	ズィー ズィント sie sind
2人称	ドゥー ビスト du bist	イア ザイト ihr seid

✻haben

	単数	複数
1人称	イヒ ハーベ ich habe	ヴィア ハーベン wir haben
2人称	ズィー ハーベン Sie haben	ズィー ハーベン Sie haben
3人称	エア エス ズィー ハット er/es/sie hat	ズィー ハーベン sie haben
2人称	ドゥー ハスト du hast	イア ハープト ihr habt

2-6 名詞の性と定冠詞

ドイツ語の名詞は「性」に応じて冠詞の形が異なります。
日本語にはない概念ですが、ドイツ語の基本ですので確実にマスターしましょう。

デア　バーンホーフ　イスト　ヒーア
Der Bahnhof ist hier.
定冠詞＋名詞（主語）　動詞　副詞
駅は　ここに　あります。

名詞の「性」

動詞の語形変化の次は名詞について学習しましょう。まずは名詞の性について説明します。たとえば上の例文の「Bahnhof（バーンホーフ）」は「男性名詞」になります。そして、ドイツ語の名詞は文法的に大きく３つのグループに分けられます。

男性名詞 **der Löffel**（デア ⓛッフェル） スプーン

中性名詞 **das Messer**（ダス メッサー） ナイフ

女性名詞 **die Gabel**（ディ ガーベル） フォーク

ドイツ語の名詞はすべて大文字で書き起こすよ

名詞の前にある der（デア）, das（ダス）, die（ディ） は英語の *the* にあたる定冠詞です。

	定冠詞	名詞
男性名詞	デア **der**	ⓛッフェル **Löffel**
中性名詞	ダス **das**	メッサー **Messer**
女性名詞	ディ **die**	ガーベル **Gabel**

定冠詞は表のように、名詞の前にそれぞれ付きます。「名詞の性」は、上の例のように単語の意味とは無関係に決まっています。ドイツ語学習者にとってはいたって不便な事態ですが、これから勉強していく過程で、少しずつ身につけていきましょう。

書いてみよう

定冠詞をつけて名詞をなぞって書いてみましょう。

✻男性名詞

❶ **der Dom**（デア ドーム）
大聖堂
der Dom

❷ **der Flughafen**（デア フルークハーフェン）
空港
der Flughafen

❸ **der Park**（デア パふク）
公園
der Park

✻中性名詞

❹ **das Rathaus**（ダス はートハオス）
市庁舎
das Rathaus

❺ **das Krankenhaus**（ダス クはンケンハオス）
病院
das Krankenhaus

❻ **das Museum**（ダス ムゼーウム）
博物館、美術館
das Museum

✻女性名詞

❼ **die Bank**（ディ バンク）
銀行
die Bank

❽ **die Post**（ディ ポスト）
郵便局
die Post

❾ **die Kirche**（ディ キふヒェ）
教会
die Kirche

名詞は定冠詞とセットで音で覚えよう

聞いてみよう 　 DL 2_16

地図を見て場所を確認しています。音声ファイルの音声を聞いて、下線部に合う定冠詞を書き込んでみましょう。

❶ <ruby>Wo<rt>ヴォー</rt></ruby> <ruby>ist<rt>イスト</rt></ruby> _____ <ruby>Post?<rt>ポスト</rt></ruby>　郵便局はどこですか？

　　－ _____ <ruby>Post ist hier.<rt>ポスト　イスト　ヒーア</rt></ruby>　（地図で場所を指して）ここです。

❷ <ruby>Wo<rt>ヴォー</rt></ruby> <ruby>ist<rt>イスト</rt></ruby> _____ <ruby>Bahnhof?<rt>バーンホーフ</rt></ruby>　駅はどこですか？

　　－ _____ <ruby>Bahnhof ist hier.<rt>バーンホーフ　イスト　ヒーア</rt></ruby>　ここです。

❸ <ruby>Wo<rt>ヴォー</rt></ruby> <ruby>ist<rt>イスト</rt></ruby> _____ <ruby>Krankenhaus?<rt>クはンケンハオス</rt></ruby>　病院はどこですか？

　　－ _____ <ruby>Krankenhaus ist hier.<rt>クはンケンハオス　イスト　ヒーア</rt></ruby>　ここです。

❹ <ruby>Wo<rt>ヴォー</rt></ruby> <ruby>ist<rt>イスト</rt></ruby> _____ <ruby>Rathaus?<rt>はートハオス</rt></ruby>　市庁舎はどこですか？

　　－ _____ <ruby>Rathaus ist hier.<rt>はートハオス　イスト　ヒーア</rt></ruby>　ここです。

❺ <ruby>Wo<rt>ヴォー</rt></ruby> <ruby>ist<rt>イスト</rt></ruby> _____ <ruby>Bank?<rt>バンク</rt></ruby>　銀行はどこですか？

　　－ _____ <ruby>Bank ist hier.<rt>バンク　イスト　ヒーア</rt></ruby>　ここです。

答え　❶ <ruby>die<rt>ディ</rt></ruby> / <ruby>Die<rt>ディ</rt></ruby>　❷ <ruby>der<rt>デア</rt></ruby> / <ruby>Der<rt>デア</rt></ruby>　❸ <ruby>das<rt>ダス</rt></ruby> / <ruby>Das<rt>ダス</rt></ruby>　❹ <ruby>das<rt>ダス</rt></ruby> / <ruby>Das<rt>ダス</rt></ruby>　❺ <ruby>die<rt>ディ</rt></ruby> / <ruby>Die<rt>ディ</rt></ruby>

練習してみよう

家具を家のいろいろな場所にセットしています。「ここには何が来ますか？」という問いに、以下の単語を使って答えてください。

デア　フェふンゼーアー **der Fernseher** テレビ	デア　キールシュはンク **der Kühlschrank** 冷蔵庫	デア　ティッシュ **der Tisch** 机
ダス　ベット **das Bett** ベッド	ダス　ヘガール **das Regal** 棚	ダス　ゾーファ **das Sofa** ソファ
ディ　ランペ **die Lampe** ランプ、照明	ディ　ウーア **die Uhr** 時計	ディ　ヴァッシュマシーネ **die Waschmaschine** 洗濯機

ヴァス　コムト　ヒーアヒン
Was kommt hierhin?　ここには何が来ますか？

▶**kommt**（コムト）：kommen「来る」の３人称単数形　▶**hierhin**（ヒーアヒン）：ここへ

（例）デア　ティッシュ
Der Tisch.
机だよ。

❶ ＿＿＿＿ ＿＿＿＿＿＿.
ベッドだよ。

❷ ＿＿＿＿ ＿＿＿＿＿＿.
時計さ。

❸ ＿＿＿＿ ＿＿＿＿＿＿.
テレビさ。

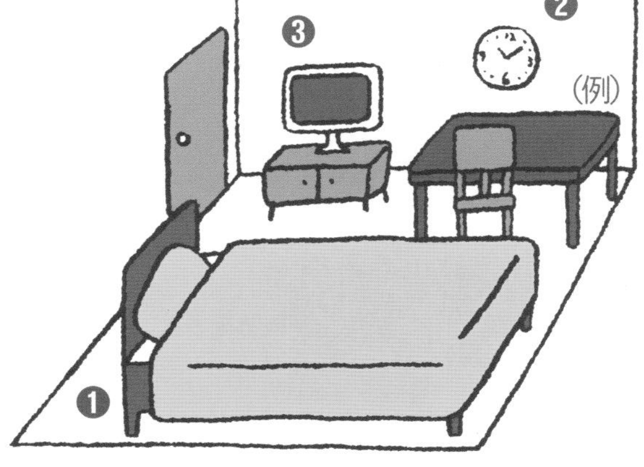

答え

❶ **Das Bett**（ダス　ベット）　❷ **Die Uhr**（ディ　ウーア）　❸ **Der Fernseher**（デア　フェふンゼーアー）

2章　ドイツ語の文法超基礎

2-7 不定冠詞 ein と否定冠詞 kein

前回はドイツ語の名詞の性とそれに伴う定冠詞について学びました。
この項目では、不定冠詞 ein と否定冠詞 kein について学んでいきます。

ダス Das	イスト ist	アイン ⓁッフェルLöffel ein Löffel
主語	動詞	不定冠詞＋名詞（述語名詞）
これは		スプーン です。

文法ポイント 不定冠詞 ein（アイン）

英語の *a/an* にあたる不定冠詞は、ドイツ語では ein（アイン）という形をしています。後に続くのが女性名詞の場合は eine（アイネ）という形になります。

男性名詞 der（デア） Löffel（Ⓛッフェル） ― ein（アイン） Löffel（Ⓛッフェル）
スプーン

中性名詞 das（ダス） Messer（メッサー） ― ein（アイン） Messer（メッサー）
ナイフ

女性名詞 die（ディ） Gabel（ガーベル） ― eine（アイネ） Gabel（ガーベル）
フォーク

音声ファイルを聞きながら、「これは何ですか？」という質問に答えてみましょう。

Was（ヴァス） ist（イスト） das（ダス）? – これは何ですか？

❶ **Das（ダス） ist（イスト） ein（アイン） Löffel（Ⓛッフェル）.**
これはスプーンです。

❷ **Das（ダス） ist（イスト） ein（アイン） Messer（メッサー）.**
これはナイフです。

❸ **Das（ダス） ist（イスト） eine（アイネ） Gabel（ガーベル）.**
これはフォークです。

das（ダス）は「これは～です」のように物や人を紹介するときに使うよ

練習してみよう

「これは何ですか？」という問いに、以下の単語を使って答えてください。

die Gabel（ディ ガーベル） フォーク	**die Tasse**（ディ タッセ） カップ	**der Teller**（デア テラー） お皿
das Messer（ダス メッサー） ナイフ	**der Topf**（デア トップフ） 鍋	

Was ist das?（ヴァス イスト ダス）　これは何なんですか？

❶ **Das ist ＿＿＿＿＿＿ Teller.**（ダス イスト … テラー）
これはお皿ですよ。

❷ **Das ist ＿＿＿＿＿＿ Messer.**（ダス イスト … メッサー）
これはナイフですよ。

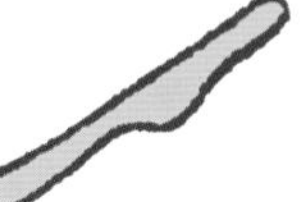

❸ **Das ist ＿＿＿＿＿＿ Gabel.**（ダス イスト … ガーベル）
これはフォークですよ。

❹ **Das ist ＿＿＿＿＿＿ Tasse.**（ダス イスト … タッセ）
これはカップですよ。

❺ **Das ist ＿＿＿＿＿＿ Topf.**（ダス イスト … トップフ）
これはお鍋ですよ。

答え

❶ ein（アイン）　❷ ein（アイン）　❸ eine（アイネ）　❹ eine（アイネ）　❺ ein（アイン）

否定冠詞 kein

不定の名詞（不定冠詞のついた名詞や無冠詞の名詞・複数名詞）を否定するときには否定冠詞 kein（カイン）を用います。kein（カイン）は ein（アイン）の前に k- を付けただけで、語形変化は、複数形があることを除くと ein（アイン）とまったく同じです。

人称代名詞の「彼女」と「彼ら」がどちらも sie（ズィー）で形が同じなように、複数は女性と同じで keine（カイネ）となるよ。

書いてみよう

なぞって書くことで不定冠詞と否定冠詞の使い方を覚えましょう。

❶ **Ist das ein Bahnhof?**（イスト ダス アイン バーンホーフ）
これは駅ですか？

Ist das ein Bahnhof?

– **Nein, das ist kein Bahnhof. Das ist ein Hotel.**（ナイン ダス イスト カイン バーンホーフ ダス イスト アイン ホテル）
いいえ，これは駅ではありません。これはホテルです。

Nein, das ist kein Bahnhof. Das ist ein Hotel.

❷ **Ist das eine Schule?**（イスト ダス アイネ シューレ）
これは学校ですか？

Ist das eine Schule?

– **Nein, das ist keine Schule. Das ist ein Bahnhof.**（ナイン ダス イスト カイネ シューレ ダス イスト アイン バーンホーフ）
いいえ，これは学校ではありません。これは駅です。

Nein, das ist keine Schule. Das ist ein Bahnhof.

練習してみよう

それでは練習してみましょう。P.46 を参考に、＿＿＿ に入る冠詞を考えます。問題を
解いたら、声に出して練習してみましょう。名詞の性は定冠詞で示してあります。

❶ <ruby>Ist<rt>イスト</rt></ruby> <ruby>das<rt>ダス</rt></ruby> <ruby>ein<rt>アイン</rt></ruby> <ruby>Glas?<rt>グラース</rt></ruby>　これはコップですか？

　■ <ruby>die<rt>ディ</rt></ruby> <ruby>Tasse<rt>タッセ</rt></ruby> : カップ

　　− <ruby>Nein,<rt>ナイン</rt></ruby> <ruby>das<rt>ダス</rt></ruby> <ruby>ist<rt>イスト</rt></ruby> ＿＿＿＿ <ruby>Glas.<rt>グラース</rt></ruby> <ruby>Das<rt>ダス</rt></ruby> <ruby>ist<rt>イスト</rt></ruby> ＿＿＿＿ <ruby>Tasse.<rt>タッセ</rt></ruby>

　　　いいえ，これはコップではありません。これはカップです。

❷ <ruby>Ist<rt>イスト</rt></ruby> <ruby>das<rt>ダス</rt></ruby> <ruby>eine<rt>アイネ</rt></ruby> <ruby>Kanne?<rt>カンネ</rt></ruby>　これはポットですか？

　■ <ruby>der<rt>デア</rt></ruby> <ruby>Kessel<rt>ケッセル</rt></ruby> : やかん

　　− <ruby>Nein,<rt>ナイン</rt></ruby> <ruby>das<rt>ダス</rt></ruby> <ruby>ist<rt>イスト</rt></ruby> ＿＿＿＿ <ruby>Kanne.<rt>カンネ</rt></ruby> <ruby>Das<rt>ダス</rt></ruby> <ruby>ist<rt>イスト</rt></ruby> ＿＿＿ <ruby>Kessel.<rt>ケッセル</rt></ruby>

　　　いいえ，これはポットではありません。これはやかんです。

❸ <ruby>Ist<rt>イスト</rt></ruby> <ruby>das<rt>ダス</rt></ruby> <ruby>eine<rt>アイネ</rt></ruby> <ruby>Flasche?<rt>フラッシェ</rt></ruby>　これは瓶ですか？

　■ <ruby>die<rt>ディ</rt></ruby> <ruby>Dose<rt>ドーゼ</rt></ruby> : 缶

　　− <ruby>Nein,<rt>ナイン</rt></ruby> <ruby>das<rt>ダス</rt></ruby> <ruby>ist<rt>イスト</rt></ruby> ＿＿＿＿ <ruby>Flasche.<rt>フラッシェ</rt></ruby> <ruby>Das<rt>ダス</rt></ruby> <ruby>ist<rt>イスト</rt></ruby> ＿＿＿ <ruby>Dose.<rt>ドーゼ</rt></ruby>

　　　いいえ，これは瓶ではありません。これは缶です。

❹ <ruby>Ist<rt>イスト</rt></ruby> <ruby>das<rt>ダス</rt></ruby> <ruby>ein<rt>アイン</rt></ruby> <ruby>Topf?<rt>トップフ</rt></ruby>　これはお鍋ですか？

　■ <ruby>die<rt>ディ</rt></ruby> <ruby>Pfanne<rt>プファンネ</rt></ruby> : フライパン

　　− <ruby>Nein,<rt>ナイン</rt></ruby> <ruby>das<rt>ダス</rt></ruby> <ruby>ist<rt>イスト</rt></ruby> ＿＿＿＿ <ruby>Topf.<rt>トップフ</rt></ruby> <ruby>Das<rt>ダス</rt></ruby> <ruby>ist<rt>イスト</rt></ruby> ＿＿＿＿ <ruby>Pfanne.<rt>プファンネ</rt></ruby>

　　　いいえ，これはお鍋ではありません。これはフライパンです。

- -

 答え　❶ <ruby>kein<rt>カイン</rt></ruby> / <ruby>eine<rt>アイネ</rt></ruby>　❷ <ruby>keine<rt>カイネ</rt></ruby> / <ruby>ein<rt>アイン</rt></ruby>　❸ <ruby>keine<rt>カイネ</rt></ruby> / <ruby>eine<rt>アイネ</rt></ruby>　❹ <ruby>kein<rt>カイン</rt></ruby> / <ruby>eine<rt>アイネ</rt></ruby>

2章 ドイツ語の文法超基礎

2-8

名詞の複数形①

これまでは単数形の名詞だけを扱ってきました。
この項目ではドイツ語の名詞の複数形を学んでいきます。

ドイツ語の名詞の複数形

複数の定冠詞は性にかかわらず die（ディ）になります

ドイツ語の名詞の複数形は英語よりはるかに複雑です。
語尾につく形から大きく５つのタイプに分けられます。
母音がウムラウトする語もあります。

＊無語尾型

単数形と複数形で形が同じ、または母音がウムラウトするものがあります。
語末が -el，-er，-em，-en のアクセントのない音節で終わっている男性と中性の名詞がこのタイプになります。

der Löffel（デア ⓛッフェル） ▶ **die Löffel**（ディ ⓛッフェル） スプーン

＊E型

語尾に -e がつきます。これも男性と中性名詞に多いタイプです。ウムラウトすることもあります。
女性名詞の場合は母音が必ずウムラウトします。

der Tisch（デア ティッシュ） ▶ **die Tische**（ディ ティッシェ） 机

＊ER型

語尾に -er がつきます。このタイプは基本中性名詞ですが、男性名詞もいくつかあります。
ウムラウトできる母音のときは必ずウムラウトします。

das Buch（ダス ブーフ） ▶ **die Bücher**（ディ ⓑーヒャー） 本

＊（E）N型

語尾に -(e)n がつきます。女性名詞に多いタイプです。決してウムラウトしません。
e で終わっている語は -n がつくだけです。

die Flasche（ディ フラッシェ） ▶ **die Flaschen**（ディ フラッシェン） 瓶

＊S型

英語で基本の複数形語尾 -s はフランス語由来で，ゲルマン語の語尾ではありません。
このタイプは外来語と省略語に見られます。

der Park（デア パふク） ▶ **die Parks**（ディ パふクス） 公園

✳無語尾型

書いてみよう1

実際に書いて複数形を身につけましょう。

❶ der Löffel（デア ㋹ッフェル）  ▶ die Löffel（ディ ㋹ッフェル） スプーン

 der Löffel ▶  die Löffel

❷ der Japaner（デア ヤパーナー） ▶ die Japaner（ディ ヤパーナー） 日本人（男）

der Japaner  die Japaner

❸ der Apfel（デア アプフェル） ▶ die Äpfel（ディ エプフェル） リンゴ

der Apfel  die Äpfel

聞いてみよう1

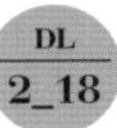

音声ファイルを聞いて、次の単語の複数形を聞き取ってみましょう。

❶ der Fernseher（デア フェふンゼーアー） ▶ ________ ________________
テレビ

❷ der Teller（デア テラー） ▶ ________ ________________
皿

❸ der Bruder（デア ブふーダー） ▶ ________ ________________
兄・弟

❹ der Garten（デア ガふテン） ▶ ________ ________________
庭

❶ die Fernseher（ディ フェふンゼーアー） ❷ die Teller（ディ テラー） ❸ die Brüder（ディ ブ㋒ーダー） ❹ die Gärten（ディ ゲふテン）

2章 ドイツ語の文法超基礎

✻E型、ER型

書いてみよう2

実際に書いて複数形を身につけましょう。

❶ der Tisch（デア ティッシュ） ▶ die Tische（ディ ティッシェ） 机

der Tisch ▶ die Tische

❷ der Schrank（デア シュはンク） ▶ die Schränke（ディ シュヘンケ） 戸棚

der Schrank ▶ die Schränke

❸ das Haus（ダス ハオス） ▶ die Häuser（ディ ホイザー） 家

das Haus ▶ die Häuser

❹ das Ei（ダス アイ） ▶ die Eier（ディ アイアー） 卵

das Ei ▶ die Eier

聞いてみよう2

DL 2_19

音声ファイルを聞いて、次の単語の複数形を聞き取ってみましょう。

❶ der Tag（デア ターク） ▶ ______ __________
日

❷ der Stuhl（デア シュトゥール） ▶ ______ __________
椅子

❸ das Buch（ダス ブーフ） ▶ ______ __________
本

❹ das Kind（ダス キント） ▶ ______ __________
子ども

答え　❶ die Tage（ディ ターゲ）　❷ die Stühle（ディ シュテ㋑ーレ）　❸ die Bücher（ディ ㋣ーヒャー）　❹ die Kinder（ディ キンダー）

✻（E）N型、S型

書いてみよう3

実際に書いて複数形を身につけましょう。

❶ das Bett（ダス ベット） ▶ die Betten（ディ ベッテン） ベッド

das Bett ▶ die Betten

❷ der Student（デア シュトゥデント） ▶ die Studenten（ディ シュトゥデンテン） 大学生（男）

der Student ▶ die Studenten

❸ das Foto（ダス フォート） ▶ die Fotos（ディ フォートス） 写真

das Foto ▶ die Fotos

❹ das Radio（ダス はーディオ） ▶ die Radios（ディ はーディオス） ラジオ

das Radio ▶ die Radios

聞いてみよう3

音声ファイルを聞いて、次の単語の複数形を聞き取ってみましょう。

❶ die Bank（ディ バンク） ▶ ＿＿＿＿ ＿＿＿＿＿＿
銀行

❷ die Kirche（ディ キふヒェ） ▶ ＿＿＿＿ ＿＿＿＿＿＿
教会

❸ die Kamera（ディ カメは） ▶ ＿＿＿＿ ＿＿＿＿＿＿
カメラ

❹ das Hotel（ダス ホテル） ▶ ＿＿＿＿ ＿＿＿＿＿＿
ホテル

❶ die Banken（ディ バンケン） ❷ die Kirchen（ディ キふヒェン） ❸ die Kameras（ディ カメはス） ❹ die Hotels（ディ ホテルス）

2章 ドイツ語の文法超基礎

2-9

名詞の複数形②

複数形は実際に使って覚えるのが一番です。
ここでは数詞＋複数形を使って練習します。

ヒーア **Hier**	ズィント **sind**	ドはイ エプフェル **drei Äpfel.**
副詞	動詞	数詞＋名詞の複数形（主語）
ここに	リンゴが３つ	あります。

✻無語尾型

書いてみよう1

なぞって書くことで文の形を覚えましょう。

❶ ヒーア イスト アイン アプフェル
Hier ist ein Apfel.
ここにリンゴが１つあります。

Hier ist ein Apfel.

❷ ヒーア ズィント ドはイ エプフェル
Hier sind drei Äpfel.
ここにリンゴが３つあります。

Hier sind drei Äpfel.

練習してみよう1

日本語訳に合わせて名詞の複数形を書いてみましょう。数字の練習にもなります。

❶ ヒーア イスト アイン メートヒェン
Hier ist ein Mädchen. ここに１人の少女がいます。 ▸ダス メートヒェン **das Mädchen**：少女

▶ ヒーア **Hier** ________ ________ ____________.
ここに少女が 10 人います。

❷ ヒーア イスト アイン クーヘン
Hier ist ein Kuchen. ここに１個のケーキがあります。 ▸デア クーヘン **der Kuchen**：ケーキ

▶ ヒーア **Hier** ________ ________ ____________.
ここに４個のケーキがあります。

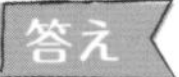

答え　❶ ズィント ツェーン メートヒェン sind zehn Mädchen　❷ ズィント フィーア クーヘン sind vier Kuchen

E型

書いてみよう2

なぞって書くことで文の形を覚えましょう。

❶ Hier ist ein Fisch. ▸der Fisch：魚
ヒーア イスト アイン フィッシュ　デア フィッシュ
ここに魚が1匹います。

Hier ist ein Fisch.

❷ Hier sind acht Fische.
ヒーア ズィント アハト フィッシェ
ここに魚が8匹います。

Hier sind acht Fische.

練習してみよう2

日本語訳に合わせて名詞の複数形を書いてみましょう。数字の練習にもなります。

❶ Hier ist ein Schrank. ここに1つのタンスがあります。
ヒーア イスト アイン シュはンク

▸ Hier ________ ________ ____________.
ヒーア
ここに3つのタンスがあります。

❷ Hier ist ein Baum. ここに1本の木があります。 ▸der Baum：木
ヒーア イスト アイン バオム　デア バオム

▸ Hier ________ ________ ____________.
ヒーア
ここに7本の木があります。

主語が複数になるので
動詞も ist が sind になります

答え ❶ sind drei Schränke ❷ sind sieben Bäume
ズィント ドはイ シュヘンケ　ズィント ズィーベン ボイメ

 ER型・（E）N型

書いてみよう3

なぞって書くことで文の形を覚えましょう。

❶ <ruby>Hier<rt>ヒーア</rt></ruby> <ruby>ist<rt>イスト</rt></ruby> <ruby>ein<rt>アイン</rt></ruby> <ruby>Kind<rt>キント</rt></ruby>.
ここに子どもが1人います。

Hier ist ein Kind.

❷ <ruby>Hier<rt>ヒーア</rt></ruby> <ruby>sind<rt>ズィント</rt></ruby> <ruby>fünf<rt>フ①ンフ</rt></ruby> <ruby>Kinder<rt>キンダー</rt></ruby>.
ここに子どもが5人います。

Hier sind fünf Kinder.

❷ <ruby>Hier<rt>ヒーア</rt></ruby> <ruby>ist<rt>イスト</rt></ruby> <ruby>eine<rt>アイネ</rt></ruby> <ruby>Blume<rt>ブルーメ</rt></ruby>.
ここに花が1輪あります。 ▶<ruby>die Blume<rt>ディー ブルーメ</rt></ruby>：花

Hier ist eine Blume.

❷ <ruby>Hier<rt>ヒーア</rt></ruby> <ruby>sind<rt>ズィント</rt></ruby> <ruby>sechs<rt>ゼックス</rt></ruby> <ruby>Blumen<rt>ブルーメン</rt></ruby>.
ここに花が6輪あります。

Hier sind sechs Blumen.

 ## 練習してみよう3

日本語訳に合わせて名詞の複数形を書いてみましょう。数字の練習にもなります。

❶ <ruby>Hier<rt>ヒーア</rt></ruby> <ruby>ist<rt>イスト</rt></ruby> <ruby>ein<rt>アイン</rt></ruby> <ruby>Buch<rt>ブーフ</rt></ruby>. ここに1冊の本があります。
▶ <ruby>Hier<rt>ヒーア</rt></ruby> ＿＿＿＿＿＿ ＿＿＿＿＿＿ ＿＿＿＿＿＿＿＿＿.
ここに4冊の本があります。

❷ <ruby>Hier<rt>ヒーア</rt></ruby> <ruby>ist<rt>イスト</rt></ruby> <ruby>ein<rt>アイン</rt></ruby> <ruby>Ei<rt>アイ</rt></ruby>. ここに1つのタマゴがあります。 ▶<ruby>das Ei<rt>ダス アイ</rt></ruby>：タマゴ
▶ <ruby>Hier<rt>ヒーア</rt></ruby> ＿＿＿＿＿＿ ＿＿＿＿＿＿ ＿＿＿＿＿＿＿＿＿.
ここに12個のタマゴがあります。

❸ <ruby>Hier<rt>ヒーア</rt></ruby> <ruby>ist<rt>イスト</rt></ruby> <ruby>eine<rt>アイネ</rt></ruby> <ruby>Tomate<rt>トマーテ</rt></ruby>. ここに1つのトマトがあります。 ▶<ruby>die Tomate<rt>ディー トマーテ</rt></ruby>：トマト
▶ <ruby>Hier<rt>ヒーア</rt></ruby> ＿＿＿＿＿＿ ＿＿＿＿＿＿ ＿＿＿＿＿＿＿＿＿.
ここに2つのトマトがあります。

❹ <ruby>Hier<rt>ヒーア</rt></ruby> <ruby>ist<rt>イスト</rt></ruby> <ruby>eine<rt>アイネ</rt></ruby> <ruby>Flasche<rt>フラッシェ</rt></ruby>. ここに1つの瓶があります。 ▶<ruby>die Flasche<rt>ディー フラッシェ</rt></ruby>：瓶
▶ <ruby>Hier<rt>ヒーア</rt></ruby> ＿＿＿＿＿＿ ＿＿＿＿＿＿ ＿＿＿＿＿＿＿＿＿.
ここに8本の瓶があります。

- -

答え ❶ <ruby>sind vier Bücher<rt>ズィント フィーア ビーヒャー</rt></ruby> ❷ <ruby>sind zwölf Eier<rt>ズィント ツヴェルフ アイアー</rt></ruby> ❸ <ruby>sind zwei Tomaten<rt>ズィント ツヴァイ トマーテン</rt></ruby>
❹ <ruby>sind acht Flaschen<rt>ズィント アハト フラッシェン</rt></ruby>

S型

書いてみよう4

なぞって書くことで文の形を覚えましょう。

❶ **Hier ist ein Baby.**（ヒーア イスト アイン ベービ）
ここに赤ん坊が 1 人います。

Hier ist ein Baby.

❷ **Hier sind sieben Babys.**（ヒーア ズィント ズィーベン ベービス）
ここに赤ん坊が 7 人います。

Hier sind sieben Babys.

練習してみよう4

日本語訳に合わせて名詞の複数形を書いてみましょう。数字の練習にもなります。

❶ **Hier ist ein Café.**（ヒーア イスト アイン カフェー） ここに 1 店の喫茶店があります。

▶ Hier（ヒーア） ________ ________ ________________.
ここに 9 店の喫茶店があります。

❷ **Hier ist ein Hotel.**（ヒーア イスト アイン ホテル） ここに 1 軒のホテルがあります。

▶ Hier（ヒーア） ________ ________ ________________.
ここに 11 軒のホテルがあります。

派生してできた名詞

名詞の中には「広い」→「広さ」や英語の「*teach*」→「*teacher*」のように，既存の語から作られる語（派生語）もあります。以下に重要な派生語をあげます。

派生語は
語尾によって
性と複数形が
決まるよ

- **lehren**（レーヘン） 教える ▶ **der Lehr<u>er</u>**（デア レーはー）（男性・無語尾型） 先生
- **wohnen**（ヴォーネン） 住む ▶ **die Wohn<u>ung</u>**（ディ ヴォーヌン(グ)）（女性・-en 型） 住まい
- **krank**（クはンク） 病気の ▶ **die Krank<u>heit</u>**（ディ クはンクハイト）（女性・-en 型） 病気
- **möglich**（メークリヒ） 可能な ▶ **die Möglich<u>keit</u>**（ディ メークリヒカイト）（女性・-en 型） 可能性

答え ❶ sind neun Cafés（ズィント ノイン カフェース） ❷ sind elf Hotels（ズィント エルフ ホテルス）

2章 ドイツ語の文法超基礎

2-10 格表示 - ドイツ語の「テニヲハ」

これまで名詞の性と複数形について学んできました。
この項目では、さらにステップアップして冠詞の格を示すしくみについて学んでいきましょう。

イヒ Ich	ネーメ nehme	デン ティッシュ den Tisch.
主語	動詞	目的語（定冠詞 + 名詞）

私は　この机を　とります。

文法ポイント 冠詞と格

ここまでドイツ語の冠詞について学んできましたが、ドイツ語の冠詞はその語尾で、後に続く名詞がどのような働きをするかを示します。例文における「den（デン）」は「～を」を示します。これを冠詞の「格表示」と言います。

格は以下の４つがあります。

1格：日本語の「～が」に相当；主語になる
4格：日本語の「～を」に相当
3格：日本語の「～に」に相当
2格：日本語の「～の」に相当

格変化が覚えやすいように
この順で並べているよ

格表示の変化を表で確認してみましょう。

✻ 定冠詞der（デア）

	男性	中性	女性	複数
1格	デア der	ダス das	ディ die	ディ die
4格	デン den	ダス das	ディ die	ディ die
3格	デム dem	デム dem	デア der	デン den
2格	デス des	デス des	デア der	デア der

✻ 不定冠詞ein（アイン）

	男性	中性	女性
1格	アイン **ein**	アイン **ein**	アイネ **eine**
4格	アイネン **einen**	アイン **ein**	アイネ **eine**
3格	アイネム **einem**	アイネム **einem**	アイナー **einer**
2格	アイネス **eines**	アイネス **eines**	アイナー **einer**

＊ポイント

- 定冠詞 d- や不定冠詞 ein に語尾が付くことで格を示す。
- 男性以外は 1 格と 4 格が同形になる。
- 女性と複数は 3 格以外で形が同じ。
- 男性と中性は 3 格と 2 格がそれぞれ同じ形になる。
- 3 格と 2 格では定冠詞と不定冠詞の語尾がそれぞれの性で共通となる。
- 2 格「～の」は修飾する名詞の後ろにつく。

発音してみよう1

定冠詞の格表示を実際の文章で確認してみましょう。

● 1 格と 4 格の定冠詞が出る文章です。

デア ティッシュ イスト グート イヒ ネーメ デン ティッシュ
Der Tisch ist gut. Ich nehme den Tisch.
この机はいいですね。私はこの机にします（直訳：この机をとります）。 ▸**nehmen**（ネーメン）：取る

● 4 格と 3 格の定冠詞が出る文章です。

ヴェーム ゲーベン ズィー ダス ブーフ
Wem geben Sie das Buch?
誰にその本をあげますか？ ▸**geben**（ゲーベン）：与える

イヒ ゲーベ エス デム レーはー
– Ich gebe es dem Lehrer.
私はそれを先生にあげます。

es は中性の代名詞の 4 格で「それを」という意味だよ

● 2 格と 1 格の定冠詞が出てくる文章です。

イスト ダス イア ティッシュ
Ist das Ihr Tisch?
これはあなたの机ですか。 ▸**Ihr**（イア）：あなたの

ナイン ダス イスト デア ティッシュ デス レーはース
– Nein, das ist der Tisch des Lehrers.
いいえ，この机は先生の机です。

否定冠詞 kein の格表示

不定の名詞（不定冠詞 ein（アイン）のついた名詞や無冠詞の名詞の複数名詞）を否定する際には否定冠詞 kein（カイン）を名詞の前につけます。kein（カイン）の変化は k がつくだけで ein（アイン）とまったく同じになります。

発音してみよう2

否定冠詞を使った文章を読んでみましょう。

イヒ　ズーヘ　アイネン　エスティッシュ
Ich suche einen Esstisch.
私はダイニングテーブルをさがしています。

ヴィア　ハーベン　ライダー　カイネン　エスティッシュ
– Wir haben leider keinen Esstisch.

あいにくダイニングテーブルはありません（ダイニングテーブルを持っていません）。

合成語

日本語の「夏休み」「誕生日」などのように2つ以上の語を組み合わせてできた単語を合成語と言います。英語では単語をただ並べただけのことが多いのですが（*summer vacation, birthday*）、ドイツ語では意味が1つだと必ず1語につなげて書きます（die（ディ） Sommerferien（ゾンマーフェーひエン）, der（デア） Geburtstag（ゲブふツターク））。

ディー　キンダー　＋　デア　ガふテン　▶　デア　キンダーガふテン
die Kinder ＋ **der Garten** ▶ **der Kindergarten**
子ども（複数）　庭　幼稚園

ダス　ブほート　＋　ダス　メッサー　▶　ダス　ブほートメッサー
das Brot ＋ **das Messer** ▶ **das Brotmesser**
パン　ナイフ　パン切りナイフ

デア　ミッターク　＋　ダス　エッセン　▶　ダス　ミッタークエッセン
der Mittag ＋ **das Essen** ▶ **das Mittagessen**
昼　食事　昼食

デア　フース　＋　デア　バル　＋　ダス　シュピール　▶　ダス　フースバルシュピール
der Fuß ＋ **der Ball** ＋ **das Spiel** ▶ **das Fußballspiel**
足　ボール　ゲーム　サッカーの試合

新しくできた合成語の性と複数形は一番後ろにくる名詞のものになります。発音するときは前の要素を強く、一息で発音します。

＊４格の練習

実際に書いてみることで文の形を覚えましょう。

❶ デア シュトゥール イスト グート イヒ ネーメ デン シュトゥール
Der Stuhl ist gut. Ich nehme den Stuhl.
この椅子はいいですね。この椅子にします（直訳：この椅子をとります）。

Der Stuhl ist gut. Ich nehme den Stuhl.

❷ **Ich suche einen Tisch.**
私は机を探しています。 ▸suchen：さがす

Ich suche einen Tisch.

– Ist das der Tisch hier?
それは、ここにあるこの机ですか？

Ist das der Tisch hier?
2 章
ドイツ語の文法超基礎

聞いてみよう1

DL 2_23

音声ファイルを聞いて、＿＿＿にあてはまる冠詞を聞き取りましょう。

❶ ベット イスト グート イヒ ネーメ _____ ベット
＿＿＿＿ Bett ist gut. Ich nehme ＿＿＿＿ Bett.
このベッドはいいですね。このベッドにします

❷ ランペ イスト グート イヒ ネーメ _____ ランペ
＿＿＿＿ Lampe ist gut. Ich nehme ＿＿＿＿ Lampe.
このランプはいいですね。このランプにします。

❸ イヒ ズーヘ _____ ガーベル イスト ダス _____ ガーベル ヒーア
Ich suche ＿＿＿＿ Gabel. — Ist das ＿＿＿＿ Gabel hier?
私はフォークを探しています。— それは、ここにあるこのフォークですか？

❹ イヒ ズーヘ _____ シュトゥール イスト ダス _____ シュトゥール ヒーア
Ich suche ＿＿＿＿ Stuhl. — Ist das ＿＿＿＿ Stuhl hier?
私は椅子を探しています。— それは、ここにあるこの椅子ですか？

❶ Das / das ❷ Die / die ❸ eine / die ❹ einen / der

✻ ３格の練習

書いてみよう２

実際に書いてみることで文の形を覚えましょう。

ヴェーム ゲーベン ズィー ダス ブーフ
❶ **Wem geben Sie das Buch?** Wem geben Sie das Buch?
誰にその本をあげますか？

イヒ ゲーベ エス デム フほイント
– **Ich gebe es dem Freund.** Ich gebe es dem Freund.
私はそれをその友人（男性）にあげます。

ヴェーム ゲーベン ズィー ダス ブほート
❷ **Wem geben Sie das Brot?** Wem geben Sie das Brot?
誰にそのパンをあげますか？

イヒ ゲーベ エス アイナー ヤパーナひン
– **Ich gebe es einer Japanerin.** Ich gebe es einer Japanerin.
私はそれをある日本人女性にあげます。

聞いてみよう２

音声ファイルを聞いて、＿＿＿にあてはまる冠詞を聞き取りましょう。

ヴェーム ゲーベン ズィー ダス ブーフ
❶ **Wem geben Sie das Buch?** 誰にその本をあげますか？

イヒ ゲーベ エス メートヒェン
– **Ich gebe es ＿＿＿＿ Mädchen.**
その女の子にあげます。

ヴェーム ゲーベン ズィー ダス フォートー
❷ **Wem geben Sie das Foto?** 誰にその写真をあげますか？

イヒ ゲーベ エス フほインデン
– **Ich gebe es ＿＿＿＿ Freunden.**
その友人たちにあげます。

ヴェーム ゲーベン ズィー ダス ヘフト
❸ **Wem geben Sie das Heft?** 誰にそのノートをあげますか？

イヒ ゲーベ エス ヤパーナー
– **Ich gebe es ＿＿＿＿ Japaner.**
ある日本人（男性）にあげます。

答え　❶ dem（デム）　❷ den（デン）　❸ einem（アイネム）

✻ 2格の練習

書いてみよう3

実際に書いてみることで文の形を覚えましょう。

❶ イスト ダス イア ティッシュ
Ist das Ihr Tisch?　Ist das Ihr Tisch?
これはあなたの机ですか。

ナイン ダス イスト デア ティッシュ デス メートヒェンス
– Nein, das ist der Tisch des Mädchens.
いいえ、その女の子の机です。

Nein, das ist der Tisch des Mädchens.

❷ イスト ダス イア ブリーフ
Ist das Ihr Brief?　Ist das Ihr Brief?
これはあなたの手紙ですか。

ナイン ダス イスト デア ブリーフ アイナー レーはりン
– Nein, das ist der Brief einer Lehrerin.
いいえ、ある先生（女性）の手紙です。

Nein, das ist der Brief einer Lehrerin.

聞いてみよう3

音声ファイルを聞いて、＿＿＿にあてはまる冠詞を聞き取りましょう。

❶ イスト ダス イア ブライシュティフト
Ist das Ihr Bleistift?　これはあなたのえんぴつですか。

ナイン ダス イスト デア ブライシュティフト キンダー
– Nein, das ist der Bleistift ＿＿＿ Kinder.
いいえ、その子どもたちのえんぴつです。

男性・中性には名詞に -[e]s が付きます

❷ イスト ダス イア フント
Ist das Ihr Hund?　これはあなたの犬ですか。

ナイン ダス イスト デア フント メートヒェンス
– Nein, das ist der Hund ＿＿＿ Mädchens.
いいえ、ある女の子の犬です。

答え　❶ der（デア）　❷ eines（アイネス）

練習してみよう

与えられた単語を参考にして、日本語訳に合わせて、＿＿＿に冠詞を入れてみましょう。

❶ ■ der Mantel コート , ein Japaner 日本人（男）

Hier ist ＿＿＿＿＿＿ Mantel.

Ich gebe ＿＿＿＿＿＿ Mantel ＿＿＿＿＿＿ Japaner.

ここにコートがあります。私はこのコートをある日本人にあげます。

❷ ■ der Hut 帽子 , die Lehrerin 先生（女）

Hier ist ＿＿＿＿＿＿ Hut.

Ich gebe ＿＿＿＿＿＿ Hut ＿＿＿＿＿＿ Lehrerin.

ここに帽子があります。私はこの帽子を（その）先生にあげます。

❸ ■ das Buch 本 , das Mädchen 女の子

Hier ist ＿＿＿＿＿＿ Buch.

Ich gebe ＿＿＿＿＿＿ Buch ＿＿＿＿＿＿ Mädchen.

ここに本があります。私はこの本をその女の子にあげます。

❹ ■ die Uhren 時計（複数）, ein Freund 友人（男）

Hier sind Uhren.

Ich gebe ＿＿＿＿＿＿ Uhren ＿＿＿＿＿＿ Freund.

ここに時計があります。私はこれらの時計をある友人にあげます。

答え ❶ ein / den / einem ❷ ein / den / der ❸ ein / das / dem ❹ die / einem

STEP UP!

P.61 ～ 62 を参考にして、日本訳に合わせてドイツ語を書いてみましょう。

① ■ **der Füller** 万年筆 , **ein Lehrer** 先生（男）

デア　フュラー　　　　　　　　　　アイン　レーはー

Hier ist ein Füller.

ヒーア　イスト　アイン　フュラー

ここに万年筆があります。私はその万年筆をある先生にあげます。

② ■ **das Buch** 本 , **der Schüler** 生徒

ダス　ブーフ　　　　　　　デア　シューラー

Hier ist ein Buch.

ヒーア　イスト　アイン　ブーフ

ここに本があります。私はその本をその生徒にあげます。

③ ■ **die Bücher** 本（複数）, **die Schüler** 生徒（複数）

ディ　ビーヒャー　　　　　　　　ディ　シューラー

Hier sind Bücher.

ヒーア　ズィント　ビーヒャー

ヒント：複数の3格は名詞にも -n が付きます。

ここに本があります。私はそれらの本を生徒たちにあげます。

④ ■ **der Apfel** リンゴ , **eine Japanerin** 日本人（女）

デア　アプフェル　　　　　　　アイネ　　　ヤパーナひン

Hier ist ein Apfel.

ヒーア　イスト　アイン　アプフェル

ここにリンゴがあります。私はそのリンゴを一人の日本人にあげます。

⑤ ■ **der Lehrer** 先生（男）

デア　レーはー

Ist das Ihr Tisch?

イスト　ダス　イア　ティッシュ

これはあなたの机ですか。　いいえ，先生の机です。

① イヒ　ゲーベ　デン　フュラー　アイネム　レーはー
　Ich gebe den Füller einem Lehrer.
② イヒ　ゲーベ　ダス　ブーフ　デム　シューラー
　Ich gebe das Buch dem Schüler.
③ イヒ　ゲーベ　ディ　ビーヒャー　デン　シューラーン
　Ich gebe die Bücher den Schülern.
④ イヒ　ゲーベ　デン　アプフェル　アイナー　ヤパーナひン
　Ich gebe den Apfel einer Japanerin.
⑤ ナイン　ダス　イスト　デア　ティッシュ　デス　レーはース
　Nein, das ist der Tisch des Lehrers.

2章 ドイツ語の文法超基礎

2-11

冠詞の仲間

冠詞による格表示は理解できましたか？　この項目では冠詞の仲間である「冠詞類」の語とドイツ語の「格表示のシステム」について勉強します。

イヒ Ich	(メ)ヒテ möchte	ディーゼン シュトゥール diesen Stuhl.
主語	動詞	目的語（冠詞類＋名詞）
私は	ほしいです。	この椅子が

冠詞類

前回までにドイツ語では冠詞が名詞の格を示す役割を担うことを学びました。ドイツ語では英語の *this, all* や *my, your* などにあたる語も定冠詞、不定冠詞と同じように格を示す役割を担います。これらの語を冠詞類と呼びます。

冠詞類の語は変化のパターンで dieser（ディーザー）型と mein（マイン）型に分けられます。ここでは例文にも使われている dieser（ディーザー）型の変化を確認します。

✻ dieser（この）

	男性	中性	女性	複数
1格	ディーザー dieser	ディーゼス dieses	ディーゼ diese	ディーゼ diese
4格	ディーゼン diesen	ディーゼス dieses	ディーゼ diese	ディーゼ diese
3格	ディーゼム diesem	ディーゼム diesem	ディーザー dieser	ディーゼン diesen
2格	ディーゼス dieses	ディーゼス dieses	ディーザー dieser	ディーザー dieser

✻ ポイント

・男性以外は１格と４格は同形になる。
・女性と複数は３格以外で形が同じ。
・男性と中性は３格と２格がそれぞれ同形。
・dieser（ディーザー）型はすべての箇所で格表示の語尾が現れる。

dieser（ディーザー）型の冠詞類

dieser（ディーザー）型の冠詞類にはどんなものがあるか紹介します。（ ）内のイタリックは対応する英語の単語です。

dieser（ディーザー）（この・*this*）, **jeder**（イェーダー）（それぞれの・*each, every*）, **aller**（アラー）（すべての・*all*）,
welcher（ヴェルヒャー）（どの・*which*）, **solcher**（ゾルヒャー）（そのような・*such*）, **jener**（イェーナー）（かの、あの・*that*）

発音してみよう

声に出して冠詞類の使い方を覚えましょう。

✻男性名詞の冠詞類を使った文章

ヴェルヒェン　シュトゥール　メヒテン　ズィー
Welchen Stuhl möchten Sie?

どの椅子がいいですか？（どの椅子がほしいですか？）

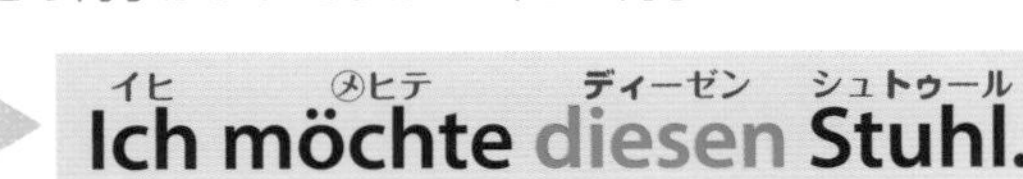

私はこの椅子がいいです。（この椅子がほしいです）　▸**möchten**（メヒテン）：～がほしい

ヴァス　シェンケン　ズィー　ディーゼム　シューラー
Was schenken Sie diesem Schüler?

あなたは何をこの生徒にプレゼントしますか？

イヒ　シェンケ　イム　ディーゼス　ブーフ
▶ **Ich schenke ihm dieses Buch.**

私は彼にこの本をプレゼントします。　▸**schenken**（シェンケン）：贈る　▸**Schüler**（シューラー）：生徒（男）

※ ihm（イム）は diesem Schüler（ディーゼム シューラー）を受ける３人称単数男性の人称代名詞 er の３格「彼ニ」。

ヴェーム　シェンケン　ズィー　ディーゼ　タッセ
Wem schenken Sie diese Tasse?

あなたはだれにこのカップをプレゼントしますか？

イヒ　シェンケ　ズィー　ディーゼム　メートヒェン
▶ **Ich schenke sie diesem Mädchen.**

私はそれをこの少女にプレゼントします。

※ sie（ズィー）は diese Tasse（ディーゼ タッセ）を受ける３人称単数女性の人称代名詞 sie（ズィー）の４格「それヲ」。

書いてみよう

実際に書いてみることで文の形を覚えましょう。

❶ ヴェルヒェ ランペ ㊠ヒテン ズィー
Welche Lampe möchten Sie? どのランプがよいですか？

Welche Lampe möchten Sie?

ー イヒ ㊠ヒテ ディーゼ ランペ

– **Ich möchte diese Lampe.** 私はこのランプがほしいです。

Ich möchte diese Lampe.

❷ **Wem schenken Sie diesen Teller?** あなたはだれにこの皿をプレゼントしますか？

Wem schenken Sie diesen Teller?

ー イヒ シェンケ イン ディーザー ジーラひン

– **Ich schenke ihn dieser Schülerin.** 私はそれをこの生徒（女）にプレゼントします。

Ich schenke ihn dieser Schülerin.

聞いてみよう

DL 2_27

音声ファイルを聞いて、あたえられた単語を参考に ___ にあてはまる冠詞類を埋めてみましょう。

❶ ■ **das Regal** 棚

ヘガール ㊠ヒテン ズィー

___________ Regal möchten Sie? どの棚がよいですか？

イヒ ㊠ヒテ ヘガール
ー

– **Ich möchte ___________ Regal.** 私はこの棚がほしいです。

❷ ダス グラース デア レーはー
■ **das Glas** グラス、コップ, **der Lehrer** 先生

Wem schenken Sie ___________ Glas?
あなたはだれにこのグラスをプレゼントしますか？

イヒ シェンケ エス レーはー
ー

– **Ich schenke es ___________ Lehrer.**
私はそれをこの先生（男）にプレゼントします。

答え ❶ ヴェルヒェス ディーゼス ❷ ディーゼス ディーゼム
Welches / dieses ❷ dieses / diesem

練習してみよう

あたえられた単語を使って、日本語に合うように ＿＿＿＿ を埋めてみましょう。

❶ ■ die Stühle（ディ シュテューレ） 椅子（複数）

＿＿＿＿＿＿ Stühle möchten Sie?（シュテューレ メヒテン ズィー）

どの椅子がよいですか？

– Ich möchte ＿＿＿＿＿＿ Stühle.（イヒ メヒテ シュテューレ）

私はこの椅子がほしいです。

❷ ■ die Waschmaschine（ディ ヴァッシュマシーネ） 洗濯機

＿＿＿＿＿＿ Waschmaschine möchten Sie?（ヴァッシュマシーネ メヒテン ズィー）

どの洗濯機がよいですか？

– Ich möchte ＿＿＿＿＿＿ Waschmaschine.（イヒ メヒテ ヴァッシュマシーネ）

私はこの洗濯機がほしいです。

2章 ドイツ語の文法超基礎

STEP UP!

あたえられた単語を使って、日本語に合うようにドイツ語を書いてみましょう。

① ■ der Bücherschrank（デア ビューヒャーシュランク） 本箱

＿＿＿＿＿＿＿＿＿＿＿＿＿＿＿＿＿＿＿＿

どの本箱がよいですか？

– ＿＿＿＿＿＿＿＿＿＿＿＿＿＿＿＿＿＿＿＿

私はこの本箱がほしいです。

② ■ die Uhr（ディ ウーア） 時計 , die Schüler（ディ シューラー） 生徒（複数）

＿＿＿＿＿＿＿＿＿＿＿＿＿＿＿＿＿＿＿＿

あなたはだれにこの時計をプレゼントしますか？

– ＿＿＿＿＿＿＿＿＿＿＿＿＿＿＿＿＿＿＿＿

私はそれをこの生徒たちにプレゼントします。※複数３格では名詞にも -n が付くことに注意。

答え

❶ Welche / diese（ヴェルヒェ / ディーゼ） ❷ Welche / diese（ヴェルヒェ / ディーゼ）

① Welchen Bücherschrank möchten Sie? — Ich möchte diesen Bücherschrank.（ヴェルヒェン ビューヒャーシュランク メヒテン ズィー イヒ メヒテ ディーゼン ビューヒャーシュランク）

② Wem schenken Sie diese Uhr? — Ich schenke sie diesen Schülern.（ヴェーム シェンケン ズィー ディーゼ ウーア イヒ シェンケ ズィー ディーゼン シューラーン）

2-12 「私の」- 所有冠詞 mein

次は冠詞類の1つである「所有冠詞」について学びます。
mein（マイン）型の変化は男性の 1 格と中性の 1・4 格が dieser（ディーザー）型と違っています。

Das（ダス）	ist（イスト）	mein Vater.（マイン ファーター）
主語	動詞	述語名詞（所有冠詞 + 名詞）
これは	私の父	です。

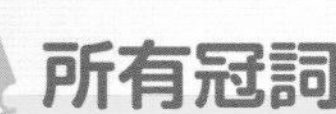

所有冠詞

deser（ディーザー）型に続いて mein（マイン）型の冠詞類を確認します。mein（マイン）型の変化をするのは「所有冠詞」と不定冠詞 ein（アイン）、否定冠詞 kein（カイン）です。

✻ mein（マイン）（私の）

	男性	中性	女性	複数
1格	マイン mein	マイン mein	マイネ meine	マイネ meine
4格	マイネン meinen	マイン mein	マイネ meine	マイネ meine
3格	マイネム meinem	マイネム meinem	マイナー meiner	マイネン meinen
2格	マイネス meines	マイネス meines	マイナー meiner	マイナー meiner

ポイント

・男性以外は 1 格と 4 格は同形になる。
・女性と複数は 3 格以外で形が同じ。
・男性と中性は 3 格と 2 格がそれぞれ同形。
・mein 型は男性 1 格と中性 1・4 格で語尾が出ない。
　それ以外は dieser 型も mein 型も語尾は共通。

dieser（ディーザー）型と mein（マイン）型の 2 つが
ドイツ語の格変化の
基本となるよ

mein（マイン）型の冠詞類

mein（マイン）型の冠詞類にはどんなものがあるか紹介します。( ) 内のイタリックは対応する英語の単語です。

ein（アイン）(ひとつの、ある・*a/an*), **kein**（カイン）(ない・*no*), **mein**（マイン）(私の・*my*), **unser**（ウンザー）(私たちの・*our*),
Ihr（イア）(あなたの：あなたたちの (Sie（ズィー）に対応)・*your*), **dein**（ダイン）(君の (du（ドゥー）に対応)・*your*),
euer（オイアー）(君たちの (ihr（イア）に対応)・*your*), **sein**（ザイン）(彼の、それの・*his, its*),
ihr（イア）(彼女の、彼らの・*her, their*)

発音してみよう

my, *your* などの英語の人称代名詞の所有格に対応する所有冠詞の文中での使い方を確認しましょう。

✻ 男性１格

イスト　ダス　イア　ファーター
Ist das Ihr Vater?

こちらはあなたのお父さんですか？

ヤー　ダス　イスト　マイン　ファーター
– **Ja, das ist mein Vater.**

ええ、私の父です。

✻ 女性１格

イスト　ダス　イーヘ　トホター
Ist das Ihre Tochter?

こちらはあなたの娘さんですか？

ヤー　ダス　イスト　マイネ　トホター
– **Ja, das ist meine Tochter.**

ええ、私の娘です。

✻ 複数３格

ヴェーム　ゲ(へ)ーアト　デア　ドゥふッカー
Wem gehört der Drucker?

このプリンターはだれのものですか？　▸**gehören**（ゲ(へ)ーレン）：～に属している　▸**der Drucker**（デア　ドゥふッカー）：プリンター

エア　ゲ(へ)ーアト　マイネン　キンダーン
– **Er gehört meinen Kindern.**

私の子どもたちのものです。

書いてみよう

実際に書いてみることで文の形を覚えましょう。

❶ イスト ダス イア キント
Ist das Ihr Kind?
こちらはあなたのお子さんですか？

Ist das Ihr Kind?

ヤー ダス イスト マイン キント
– **Ja, das ist** mein **Kind.**
ええ、私の子です。

Ja, das ist mein Kind.

❷ ヴェーム ゲ㋬ーアト ダス ブーフ
Wem gehört das Buch?
この本はだれのものですか？

Wem gehört das Buch?

エス ゲ㋬ーアト イーヘム ファーター
– **Es gehört** ihrem **Vater.**
彼女の父親のものです。

Es gehört ihrem Vater.

聞いてみよう

DL 2_29

音声ファイルを聞いて ________ に所有冠詞を埋めてみましょう。

❶ ■ デア ゾーン
der Sohn 息子

イスト ダス ゾーン
Ist das ____________ Sohn? こちらはあなたの息子さんですか？

ヤー ダス イスト ゾーン
– **Ja, das ist ______________ Sohn.** ええ，私の息子です。

❷ ■ ディ コミックス
die Comics マンガ（複数形で使う）

ヴェーム ゲ㋬ーレン コミックス
Wem gehören ______________ Comics?
このマンガはだれのものですか？

ズィー ゲ㋬ーレン ファーター
– **Sie gehören ______________ Vater.**
私たちの父のものです。

答え ❶ Ihr / mein（イア / マイン） ❷ die / unserem（ディ / ウンゼヘム）

練習してみよう

与えられた単語をヒントに、日本語に合う冠詞類の語を ＿＿＿＿ に入れてみましょう。

❶ ■ die Tante（ディ タンテ） 叔母

Ist das ＿＿＿＿ Tante?（イスト ダス タンテ） こちらはあなたの叔母さんですか？

– Nein, das ist ＿＿＿＿ Tante.（ナイン ダス イスト タンテ） いいえ、彼の叔母さんです。

❷ ■ der Rock（デア ほック） スカート

Wem gehört ＿＿＿＿ Rock?（ヴェーム ゲ㋬ーアト ほック） このスカートはだれのものですか？

– Er gehört ＿＿＿＿ Mutter.（エア ゲ㋬ーアト ムッター） 私の母のものです。

❸ ■ das Radio（ダス はディオ） ラジオ

Wem gehört ＿＿＿＿ Radio?（ヴェーム ゲ㋬ーアト はディオ） このラジオはだれのものですか？

– Es gehört ＿＿＿＿ Sohn.（エス ゲ㋬ーアト ゾーン） 私の息子のものです。

STEP UP!

日本語訳に合わせてドイツ語で質問に答えてみましょう。

① Sind das Ihre Eltern?（ズィント ダス イーヘ エルターン）
こちらはあなたのご両親ですか？

＿＿＿＿＿＿＿＿＿＿＿＿＿＿＿＿

いいえ、彼の両親です。

② Wem gehört die Uhr?（ヴェーム ゲ㋬ーアト ディ ウーア）
この時計はだれのものですか？

＿＿＿＿＿＿＿＿＿＿＿＿＿＿＿＿

彼女の娘のものです。

❶ Ihre / seine（イーレ ザイネ） ❷ der / meiner（デア マイナー） ❸ das / meinem（ダス マイネム）
① Nein, das sind seine Eltern.（ナイン ダス ズィント ザイネ エルターン） ② Sie gehört ihrer Tochter.（ズィー ゲ㋬ーアト イーはー トホター）

2章 ドイツ語の文法超基礎

2-13 格表示の総合練習とまとめ

格表示について理解できたでしょうか？
ここで、これまで学んできた格表示をおさらいし、完璧に使いこなせるようになりましょう。

Ich	finde	diesen Mantel	sehr schick.
イヒ	フィンデ	ディーゼン マンテル	ゼーア シック
主語	動詞	目的語（冠詞類＋名詞）	述語形容詞
私は	このコートを	とてもおしゃれだ	と思います。

格表示まとめ

✻ 冠詞類の格表示語尾

ドイツ語の格は名詞の性・数に応じて、その名詞の前に立つ冠詞類の語尾で示します。ただし、男性・中性２格と複数３格は名詞の後ろにも格表示があります。格表示のまとめとして以下の表の空欄に適切な格表示語尾を入れてみましょう。

	男性	中性	女性	複数
１格	-er	❶	-e	❷
４格	❸	-es	-e	❹
３格	-em	❺	❻	-en 名詞にも -n
２格	❼ 名詞にも -[e]s	-es 名詞にも -[e]s	❽	-er

mein（マイン）型の語では男性１格と中性１・４格で語尾が出ない。定冠詞は、中性１・４格が das（ダス）、女性・複数１・４格が die（ディ）になる。

答え　❶ -es　❷ -e　❸ -en　❹ -e　❺ -em　❻ -er　❼ -es　❽ -er

聞いてみよう DL 2_30

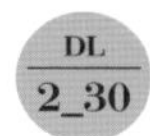

音声ファイルを聞いて、_____ に入る冠詞類と数字を書き取ってみましょう。

❶ イヒ フィンデ Ich finde _____ マンテル ゼーア シック Mantel sehr schick. ヴァス コステット デン Was kostet denn _____ マンテル Mantel?

このコートはとてもおしゃれだと思います。おいくらですか？

▶**der Mantel**デア マンテル：コート　▶**sehr**ゼーア：とても　▶**schick**：おしゃれな　▶**kosten**コステン：値段がする
▶**denn**デン：いったい

　— エア コステット Er kostet _____ オイほ Euro.

それは _____ ユーロです。

❷ イヒ フィンデ Ich finde _____ ホーゼ ゼーア シック Hose sehr schick. ヴァス コステット デン Was kostet denn _____ ホーゼ Hose?

このズボンはとてもおしゃれだと思います。おいくらですか？

▶**die Hose**ディ ホーゼ：ズボン

　— ズィー コステット Sie kostet _____ オイほ Euro.

それは _____ ユーロです。

❸ イヒ フィンデ Ich finde _____ ヘムト ゼーア ヒブシュ Hemd sehr hübsch. ヴァス コステット デン Was kostet denn _____ ヘムト Hemd?

このシャツはとてもかわいいと思います。おいくらですか？

▶**das Hemd**ダス ヘムト：シャツ

　— _____ コステット kostet _____ オイほ Euro.

それは _____ ユーロです。

❹ イヒ フィンデ Ich finde _____ シューエ ゼーア シ①ーン Schuhe sehr schön. ヴァス コステン デン Was kosten denn _____ シューエ Schuhe?

この靴はとてもきれいだと思います。おいくらですか？

▶**die Schuhe**ディ シューエ：靴（複数）

　— _____ コステン kosten _____ オイほ Euro.

それは _____ ユーロです。

- -

 答え ❶ ディーゼン デア ツヴァイフンダート diesen / der / 200　❷ ディーゼ ディ アインフンダートフインフウントツヴァンツィヒ diese / die / 125

❸ ディーゼス ダス エス アハトウントズィープツィヒ dieses / das / Es / 78　❹ ディーゼ ディ ズィー ツヴァイフンダートドはイスィヒ diese / die / Sie / 230

2章 ドイツ語の文法超基礎

練習してみよう

与えられた単語をもとに、日本語訳に合わせて ________ に入る冠詞類と人称代名詞を考えましょう。

ダス　クライト
❶ ■ **das Kleid** ワンピース

イヒ　フィンデ　クライト　ゼーア　シック　ヴァス　コステット　デン　クライト
Ich finde ____________ Kleid sehr schick. Was kostet denn ______ Kleid?
このワンピースはとてもおしゃれだと思います。おいくらですか？

コステット　アインフンダートフ①ンフウントゼヒツィヒ　オイほ
— ________ kostet 165 Euro. それは 165 ユーロです。

デア　プルオーヴァー
❷ ■ **der Pullover** セーター

イヒ　フィンデ　プルオーヴァー　ゼーア　ⓤブシュ　ヴァス　コステット　デン　プルオーヴァー
Ich finde _______ Pullover sehr hübsch. Was kostet denn _______ Pullover?
このセーターはとてもかわいいと思います。おいくらですか？

コステット　アインフンダートアハトウントフィふツィヒ　オイほ
— _________ kostet 148 Euro. それは 148 ユーロです。

STEP UP!

上の問題を参考に日本語訳に合わせて、与えられた単語を使ってドイツ語の文章を書いてみましょう。

デア　アンツーク
① ■ **der Anzug** スーツ

イヒ　フィンデ
Ich finde ____
このスーツはとてもおしゃれだと思います。このスーツはおいくらですか？

— ____
それは 430 ユーロです。

ディ　ジーンズ
② ■ **die Jeans** ジーンズ

イヒ　フィンデ
Ich finde ____
このジーンズはとてもきれいだと思います。このジーンズはおいくらですか？

— ____
それは 98 ユーロです。

答え

ディーゼス　ダス　エス　ディーゼン　デア　エア
❶ dieses / das / Es　❷ diesen / der / Er

ディーゼン　アンツーク　ゼーア　シック　ヴァス　コステット　デン　デア　アンツーク
① diesen Anzug sehr schick. Was kostet denn der Anzug?
エア　コステット　フィアフンダートドはイスィヒ　オイほ
—Er kostet 430 Euro.

ディーゼ　ジーンズ　ゼーア　シ㊤ーン　ヴァス　コステン　デン　ディ　ジーンズ
② diese Jeans sehr schön. Was kosten denn die Jeans?
ズィー　コステン　アハトウントノインツィヒ　オイほ
—Sie kosten 98 Euro.

人称代名詞の変化

ここでは人称代名詞の変化をまとめておきます。英語の目的格、たとえば *me* がドイツ語では mich（ミヒ）「私ヲ」と mir（ミア）「私ニ」の２つに分かれます（２格については P.159 参照）。

まずは１人称、２人称の変化を見てみましょう。

	１人称（単数）	１人称（複数）	２人称（Sie）	２人称（du・単数）	２人称（ihr・複数）
１格	イヒ **ich**	ヴィア **wir**	ズィー **Sie**	ドゥー **du**	イア **ihr**
４格	ミヒ **mich**	ウンス **uns**	ズィー **Sie**	ディヒ **dich**	オイヒ **euch**
３格	ミア **mir**	ウンス **uns**	イーネン **Ihnen**	ディア **dir**	オイヒ **euch**

続いて３人称の変化をまとめます。３人称の人称代名詞は名詞の性に対応しています。たとえば１格の男性名詞 der（デア） Tisch（ティッシュ）（その机ガ）の代わりが er（エア）（それガ）、４格の男性名詞 den（デン） Tisch（テッシュ）（その机ヲ）の代わりが ihn（イン）（それヲ）になります。

	男性	中性	女性	複数
１格	エア **er**	エス **es**	ズィー **sie**	ズィー **sie**
４格	イン **ihn**	エス **es**	ズィー **sie**	ズィー **sie**
３格	イム **ihm**	イム **ihm**	イア **ihr**	イーネン **ihnen**

2-14 ドイツ語の語順

これまで名詞や動詞、冠詞など、文の中の要素について学んできました。
この項目からは、いよいよ文の構造について学んでいきます。

ディ　ブーフハンドルン(グ)　イスト　ネーベン　デア　ポスト
Die Buchhandlung | **ist** | **neben der Post.**
主語 | 動詞 | 場所の副詞句

本屋は　郵便局のとなりに　あります。

ドイツ語の語順

はじめに、ドイツ語の語順によるちがいを勉強します。
文頭の位置には、時間や場所を設定する要素やその文の主題（～は：何について述べるかの要素）がきます。英語と違って、文の先頭が主語になる訳ではありません。
それでは、同じ要素からなる２つの文を比べてみましょう。

ディ　ブーフハンドルン(グ)　イスト　ネーベン　デア　ポスト
a. Die Buchhandlung ist neben der Post.
本屋は郵便局のとなりにあります。（本屋はどこにあるかというと ...）▸**die Buchhandlung**（ディ ブーフハンドルン(グ)）：本屋

ネーベン　デア　ポスト　イスト　ディ　ブーフハンドルン(グ)
b. Neben der Post ist die Buchhandlung.
郵便局のとなりには本屋があります。（郵便局のとなりには何があるかというと ...）

定形第２位

ドイツ語の語順を考える際には定形（人称変化した動詞）の位置が重要となります。基本的に定形は前から２番目の要素になります。次の２つの文で確認してみましょう。２番目の要素なので、２つめの単語になるという訳ではありません。注意しましょう。

デア　シュトゥデント　シェンクト　ザイネム　ブふーダー　アイネン　シャール
a. Der Student schenkt seinem Bruder einen Schal.
その学生はお兄さんにマフラーをプレゼントする。▸**der Schal**（デア シャール）：マフラー

ザイネム　ブふーダー　シェンクト　デア　シュトゥデント　アイネン　シャール
b. Seinem Bruder schenkt der Student einen Schal.
お兄さんにはその学生はマフラーをプレゼントする。

発音してみよう

意味の違いを意識しながら声に出してみましょう。

ヴィア ゲーエン ナーハ デム エッセン シュパツィーヘン
Wir gehen nach dem Essen spazieren.

私たちは、食事の後に散歩に行きます。

ナーハ デム エッセン ゲーエン ヴィア シュパツィーヘン
Nach dem Essen gehen wir spazieren.

食事の後、私たちは散歩に行きます。

イヒ カオフェ モふゲン ディ ツェーデー
Ich kaufe morgen die CD.

私は明日その CD を買います。

ディ ツェーデー カオフェ イヒ モふゲン
Die CD kaufe ich morgen.

その CD は明日買います。

書いてみよう

実際に書いてみることで文の形を覚えましょう。

イヒ レふネ ホイテ イン デア ビブリオテーク ドイチュ
❶ **Ich lerne heute in der Bibliothek Deutsch.**

私は今日図書館でドイツ語の勉強をします

Ich lerne heute in der Bibliothek Deutsch.

ホイテ レふネ イヒ イン デア ビブリオテーク ドイチュ
▶ **Heute lerne ich in der Bibliothek Deutsch.**

今日は図書館でドイツ語を勉強します。

Heute lerne ich in der Bibliothek Deutsch.

ズィー シェンクト イーヘム ファーター ツー ヴァイナハテン アイネ クはヴァッテ
❷ **Sie schenkt ihrem Vater zu Weihnachten eine Krawatte.**

彼女はお父さんにクリスマスにネクタイをプレゼントします。

ダス ヴァイナハテン
▸**das Weihnachten**：クリスマス

ディ クはヴァッテ
▸**die Krawatte**：ネクタイ

Sie schenkt ihrem Vater zu Weihnachten eine Krawatte.

イーヘム ファーター シェンクト ズィー ツー ヴァイナハテン アイネ クはヴァッテ
▶ **Ihrem Vater schenkt sie zu Weihnachten eine Krawatte.**

お父さんに彼女はクリスマスにネクタイをプレゼントします。

Ihrem Vater schenkt sie zu Weihnachten eine Krawatte.

疑問文

ja,nein（ヤー ナイン）で答える疑問文のことを決定疑問文と呼びます。決定疑問文では、定形（動詞）が文頭に位置します。

Wohnen Sie in Shizuoka?（ヴォーネン ズィー イン シズオカ）
あなたは静岡に住んでいますか？

– Ja, ich wohne in Shizuoka.（ヤー イヒ ヴォーネ イン シズオカ）
ええ、静岡に住んでいます。

一方、疑問詞を伴う疑問文のことを補足疑問文と呼びます。補足疑問文では定形の前に疑問詞が来ます。

Wo wohnen Sie?（ヴォー ヴォーネン ズィー）
あなたはどこに住んでいますか？

– Ich wohne in Nagoya.（イヒ ヴォーネ イン ナゴヤ）
私は名古屋に住んでいます。

✻主な疑問詞

wer（ヴェーア） だれが？（**wen**（ヴェーン） だれを？、**wem**（ヴェーム） だれに？、**wessen**（ヴェッセン） だれの？）

was（ヴァス） 何が？（**was**（ヴァス） 何を？） **wo**（ヴォー） どこで、どこに？（**woher**（ヴォヘーア） どこから？、**wohin**（ヴォヒン） どこへ？）

wann（ヴァン） いつ？ **warum**（ヴァふム） なぜ？ **wie**（ヴィー） どのように？

命令文

Sie（ズィー）（あなた、あなたがた）に対する命令文は定形（動詞）を文頭に置き、Sie（ズィー）と位置を交換します。本来3人称複数形であるSie（ズィー）に対する命令文では、英語とは違い、主語のSie（ズィー）は省略されません。

Kommen Sie bitte morgen zu mir!（コメン ズィー ビッテ モふゲン ツー ミア）
明日私のところへ来てください。

主語をwir（ヴィア）（私たち）にすると勧誘を表します。

Gehen wir spazieren!（ゲーエン ヴィア シュパツィーへン）
散歩に行きましょう。

本来の２人称である du（ドゥー）と ihr（イア）には命令形があります。主語は言いません。

✻ du（ドゥー）に対する命令形：――[e]！

コム　ビッテ　モふゲン　ツー　ミア
Komm bitte morgen zu mir!

明日私のところへ来て！

※語尾のｅは多くの場合、省略されます。

du,er（ドゥー エア）で幹母音が
e → i［e］に変化する動詞は
命令形でもｉ［e］になるよ

✻ ihr（イア）に対する命令形：――t！

コムト　ビッテ　モふゲン　ツー　ミア
Kommt bitte morgen zu mir!

明日私のところへ来て！

書いてみよう

実際に書いてみることで文の形を覚えましょう。

デア　レーはー　コムト　インマー　フ⓪ー　ツア　シューレ
❶ **Der Lehrer kommt immer früh zur Schule.**

先生はいつも早く学校に来ます。

Der Lehrer kommt immer früh zur Schule.

✻ 決定疑問文

コムト　デア　レーはー　インマー　フ⓪ー　ツア　シューレ
❷ **Kommt der Lehrer immer früh zur Schule?**

先生はいつも早く学校に来ますか。

Kommt der Lehrer immer früh zur Schule?

✻ 補足疑問文

ヴェーア　コムト　インマー　フ⓪ー　ツア　シューレ
❸ **Wer kommt immer früh zur Schule?**

誰がいつも早く学校に来ますか。

Wer kommt immer früh zur Schule?

✻ 命令文

ヴァふテン　ズィー　ヒーア　ビッテ
❹ **Warten Sie hier bitte!**

ここで待っていてください。

Warten Sie hier bitte!

2-15

副文：定形後置

副文では定形（動詞）が文の最後に置かれます。
また、否定文では否定辞の置かれる場所で意味が変わります。

エア Er	ザークト sagt,	ダス dass	エア er	アオス キューシュー aus Kyushu	コムト kommt.
主語	動詞	接続詞	主語	方向の副詞句	動詞

彼は、（彼が） 九州から 来た と（いうことを） 言っています。

副文

ドイツ語では、定形（動詞）が１つあると文が１つできます。そして文には、それ自体で独立した文「主文」と、主文の一要素である文「副文」（英語では従属文といいます）の２種類があります。副文では定形が文末に位置し（定形後置）、主文と副文は必ずコンマで区切られます。以下の３つの種類があります。

✻従属の接続詞に導かれる副文

＊ **dass**（ダス） ～のこと（*that*）

Er sagt, dass er aus Kyushu kommt.
（エア ザークト ダス エア アオス キューシュー コムト）
彼は九州から来たと言っています。

＊ **weil**（ヴァイル） ～なので（*because*）

Er kommt heute nicht, weil er keine Zeit hat.
（エア コムト ホイテ ニヒト ヴァイル エア カイネ ツァイト ハット）
彼は時間がないので今日は来ません。 ▸**die Zeit**（ディ ツァイト）：時間

✻疑問詞に導かれる副文（間接疑問文）

Ich weiß nicht, wo sie wohnt.
（イヒ ヴァイス ニヒト ヴォー ズィー ヴォーント）
私は彼女がどこに住んでいるか知りません。 ▸**wissen**（ヴィッセン）：知っている

✻関係代名詞に導かれる副文

Ich habe einen Freund, der sehr gut Deutsh spricht.
（イヒ ハーベ アイネン フロイント デア ゼーア グート ドイチュ シュプひヒト）
私にはドイツ語がとても上手な友だちがいます。

副文が前に来たら

ヴェン　ダス　ヴェター　シェーン　イスト　マッヘン　ヴィア　アイネン　アオスフルーク
Wenn das Wetter schön ist, machen wir einen Ausflug.

1　2

天気がよければ私たちはハイキングに行きます。

副文は文の１要素なので、副文が文の前に来ると定形第２位の原則から、文の２番目の要素として定形がその後に続きます。

主文と副文の関係

ドイツ語の文は「何かについて、何かを述べる」という構造をしています。

マイン　ファーター　コムト　アム　モーンターク　ウム　アハト　ウーア　ナーハ　ハオゼ
Mein Vater kommt am Montag um 8 Uhr nach Hause.

何かについて→「父は」
父は月曜日、８時に帰宅します。

２番目に定形を置くことで、この「何かについて」を置く文頭の場所を作っています。

これに対して、全体で１つの単語と同じ要素である副文では「何かについて」の要素は不要なので、定形を２番目に置く必要はなく、定形は文末に留まったままとなります（定形後置）。

ダス　マイン　ファーター　アム　モーンターク　ウム　アハト　ウーア　ナーハ　ハオゼ　コムト
dass mein Vater am Montag um 8 Uhr nach Hause kommt

［私の父が月曜日、８時に帰宅する］こと（＝「それ」*it*）

主文とは文の中の１つの要素（「何かについて」）を取り上げて、定形の前に置いている文であると考えることができます。

発音してみよう

副文を持つ文章を声に出して練習しましょう。

イヒ　コメ　ホイテ　ニヒト
Ich komme heute nicht. 私は今日行きません。

イヒ　ビン　エアケルテット
Ich bin erkältet. 私は風邪をひいています。　▸erkältet（エアケルテット）：風邪をひいた

ヴァイル
weil「～なので」でつなぐと

イヒ　コメ　ホイテ　ニヒト　ヴァイル　イヒ　エアケルテット　ビン
▶ **Ich komme heute nicht, weil ich erkältet bin.**
風邪を引いているので、私は今日行きません。

ヴァス　コステット　ダス
Was kostet das? それはいくらですか？

イヒ　ヴァイス　ニヒト
Ich weiß nicht. 私は知りません。

wissen（ヴィッセン）は、ich（イヒ）, er（エア）に対する現在形が weiß（ヴァイス）となるよ

2つの文をつなぐと

イヒ　ヴァイス　ニヒト　ヴァス　ダス　コステット
▶ **Ich weiß nicht, was das kostet.**
私はそれがいくらだかわかりません。

書いてみよう

実際に書いて副文を身につけましょう。

ペーター　ジョプト　ゼーア　フィール
❶ **Peter jobbt sehr viel.** ペーターはとてもたくさんバイトをしている。
▸jobben（ジョベン）：アルバイトする　▸viel（フィール）：たくさんの

Peter jobbt sehr viel.

エア　フェーアト　イム　ゾンマー　ナーハ　ドイチュラント
❷ **Er fährt im Sommer nach Deutschland.** 彼は夏にドイツへ行く。

Er fährt im Sommer nach Deutschland.

ヴァイル
weil「～なので」でつなぐと

ペーター　ジョプト　ゼーア　フィール
▶ **Peter jobbt sehr viel,**
ヴァイル　エア　イム　ゾンマー　ナーハ　ドイチュラント　フェーアト
weil er im Sommer nach Deutschland fährt.
夏にドイツへ行くので、ペーターはとてもたくさんバイトをしています。

Peter jobbt sehr viel,
weil er im Sommer nach Deutschland fährt.

否定文

否定辞 nicht（ニヒト）は次に来る語句を否定します。

Er kauft nicht das Buch.（エア カオフト ニヒト ダス ブーフ）
彼はその本は買わない。

文を否定するには述語を否定します。

Er kauft das Buch nicht.（エア カオフト ダス ブーフ ニヒト）（nicht kauft の定形 kauft が２番目に移動している）
彼はその本を買わない。

Mein Handy ist nicht neu.（マイン ヘンディ イスト ニヒト ノイ）（nicht neu ist の定形 ist が２番目に移動している）
私の携帯は新しくありません。

不定の名詞は nicht（ニヒト）ではなく kein（カイン）で否定します。

Das ist kein Kugelschreiber.（ダス イスト カイン クーゲルシュはイバー）
これはボールペンではありません。
（× nicht ein Kugelschreiber）（ニヒト アイン クーゲルシュはイバー）

練習してみよう

次の文を日本語訳に合わせて否定文にしてみましょう。

❶ **Wir kennen die Leute.**（ヴィア ケネン ディ ロイテ）
私たちはその人々を知っています。

▶ ＿＿＿＿＿＿＿＿＿＿＿＿＿＿＿＿＿＿＿＿
私たちはその人々を知りません。

❷ **Er ist jung.**（エア イスト ユン(グ)）
彼は若いです。

▶ ＿＿＿＿＿＿＿＿＿＿＿＿＿＿＿＿＿＿＿＿
彼は若くはありません。

答え　❶ Wir kennen die Leute nicht.（ヴィア ケネン ディ ロイテ ニヒト）　❷ Er ist nicht jung.（エア イスト ニヒト ユン(グ)）

2-16 基本語順と伝達語順

ドイツ語の語順の基本がわかったでしょうか。ドイツ語では、「～は」の要素をまず言って、定形を２番目に置き、あとは日本語と同じように話していけばよいのです。

Er（エア／主語） kauft（カオフト／動詞） heute（ホイテ／時間の副詞） ein Buch.（アイン ブーフ／目的語）

彼は 今日 本を 買います。

基本語順

文章を構成する要素は勝手な順番で並んでいるわけではなく、一般的にどの言語でも、関連の強い要素はつながって配置されています。そこで、動詞のとなりには構文上結びつきが強い要素、つまり、他動詞の場合には目的語が、移動を表す表現では行き先が来ます。

日本語 本を 買う
家に 来る（＝帰宅する）

英語 *buy a book*
come home

しかしながら、上記のように言語によって配置の順番は異なります。
ドイツ語は上の例のような不定句では日本語と同じ順番になります。

ドイツ語 ein Buch kaufen（アイン ブーフ カオフェン）
nach Hause kommen（ナーハ ハオゼ コメン）

伝達語順

現実にことばを使用するときには、コンテクストに応じて基本語順から変更されます。たとえば、主文では「何について話すか」という文の「主題（～ハ）」が文頭に置かれ、その場所を確保するために定形が前から２番目に上がってきます（定形第２位の原則）。
また、実際の会話では、すでにお互いに知っている、前提となる要素をまず言ってから、新しい要素を付け加えることで、情報の伝達がスムーズになります。人称代名詞など既知の要素は目立たないように軽い形（短い単語）をしています。ドイツ語の文では、軽い語ほど前へ置かれる傾向があります。

練習してみよう1

次の文に heute（ホイテ）「今日」という語を加えようとするとどこに入るでしょう？

エア カオフト アイン ブーフ
Er kauft ein Buch. 彼は本を買う。
❶ ❷ ❸ ❹ ❺

まず、定形第2位の原則から❶と❷は不可です。

冠詞と名詞の間には入らないので、❹もないとすれば残るは❸か❺になります。

基本語順で考えてみましょう。

ein Buch kaufen（アイン ブーフ カオフェン） 本を買う

に heute（ホイテ）「今日」を加えると考えると、

kaufen（カオフェン）「買う」は ein Buch（アイン ブーフ）「本」との関係がより強いので、heute（ホイテ）「今日」は遠くに置かれることになり、

heute ein Buch kaufen（ホイテ アイン ブーフ カオフェン） 今日、本を買う

となります。これに主語を加えて元の文章で考えると、定形は2番目に移動するので

Er kauft heute ein Buch.（エア カオフト ホイテ アイン ブーフ） 彼は今日本を買う。

となります。

正解：❸

ほかの例でも見てみましょう。

Er spielt am Sonntag Tennis.（エア シュピールト アム ゾンターク テニス）

彼は日曜日にテニスをします。

Er trinkt sehr gern Kaffee.（エア トゥリンクト ゼーア ゲるン カフェー）

彼はコーヒーが大好きです（とても好んでコーヒーを飲む）。

以上の文で目的語が文末に来るのは「テニスをする」Tennis spielen（テニス シュピーレン）、「コーヒーを飲む」Kaffee trinken（カフェー トゥリンケン）のようにつながっているからです。

練習してみよう2

今度は不定冠詞を定冠詞に変えてあります。heute（ホイテ）「今日」という語を加えようとするとどこに入るでしょう？

エア　カオフト　ダス　ブーフ
Er kauft das Buch. 彼はその本を買う。

❶ Er ❷ kauft ❸ das ❹ Buch ❺ .

1と同様に❶、❷、❹は不可です。さて❸か❺か、どちらでしょう。
Buch（ブーフ）に das（ダス）が付くことで今度は「その本をいつ買うのか」という読みが可能になりますので、heute（ホイテ）「今日」という情報の方がより重要度が高まり、

エア　カオフト　ダス　ブーフ　ホイテ
Er kauft das Buch heute. 彼はその本を今日買う。

という語順をとることができます。
もちろんこれは

エア　カオフト　ホイテ　ダス　ブーフ
Er kauft heute das Buch. 彼は今日その本を買う。

という語順で、heute（ホイテ）に文アクセントを置くことでも表すことができます（下線部がアクセント）。

エア　カオフト　ホイテ　ダス　ブーフ
Er kauft heute das Buch. 彼は今日その本を買う。

のようにアクセントの位置を変えれば、「（他のものではなく）その本を買う」と言う読みも可能です。

正解：❸と❺

練習してみよう3

今度は das（ダス） Buch（ブーフ） が人称代名詞 es（エス） になっています。1 と 2 同様、heute（ホイテ） という語を加えようとするとどこに入るでしょう？

エア　カオフト　エス
Er kauft es.
彼はそれを買う。
❶ ❷ ❸ ❹

人称代名詞の es（エス） は文型を保持するために置かれる要素で、話をしている人同士、お互いに何を指しているかわかっていることが前提となります。日本語なら「今日買います」のように、目的語を言わないで済ませるでしょう。前提度の高い要素である人称代名詞は、基本的に他の要素より先に言われ、より重要な要素が後ろに置かれます。

正解：❹

書いてみよう

Wem（ヴェーム） schenken（シェンケン） Sie（ズィー） den（デン） Kugelschreiber（クーゲルシュはイバー）?

あなたはだれにそのボールペンをプレゼントしますか？　▸**Kugelschreiber**（クーゲルシュはイバー）：ボールペン

Wem schenken Sie den Kugelschreiber?

– Ich（イヒ） schenke（シェンケ） ihn（イン） meinem（マイネム） Sohn（ゾーン）.

私はそれを息子にプレゼントします。

Ich schenke ihn meinem Sohn.

ihn（イン）（den（デン） Kugelschreiber（クーゲルシュはイバー） を受ける人称代名詞）は日本語なら言わない前提要素なので、meinem（マイネム） Sohn（ゾーン）より必ず先に言われます。

2-17 ドイツ語の前置詞

ここではドイツ語の前置詞を勉強します。
前置詞をマスターすれば、ドイツ語の表現の幅が広がります。

イヒ **Ich**	はイゼ **reise**	ミット **mit**	マイネム フほイント **meinem Freund.**
主語	動詞	前置詞	所有冠詞 + 名詞

私は　友だち　と　旅行します。

前置詞と格支配

ドイツ語の前置詞は、後に続く名詞の格が決まっています。英語では前置詞の後は目的格でしたが、ドイツ語では２格、３格、４格の３つの可能性があります。例文の mit（ミット）には３格が続きます。このように前置詞が特定の格と結びつくことを「前置詞の格支配」と言います。

まずは主要な３格支配の前置詞を確認しましょう。

	場所	時間	その他	英語の対応語
アオス **aus**	～（の中）から	—	—	*out of*
バイ **bei**	～のもとで	～の際に	—	—
ミット **mit**	—	—	～と一緒に、 ～で	*with*
ナーハ **nach**	～（の方）へ	～の後で	～に従って	*after*
ザイト **seit**	—	～以来 （ずっと）	—	*since*
フォン **von**	～から	～から	～の、 ～について	*from, of*
ツー **zu**	～へ	—	～のために	*to*

発音してみよう

実際に前置詞が使われた文章を声に出して読んでみましょう。

ミット
＊ **mit**「～と一緒に、～で」は英語の *with* に対応する前置詞です。

イヒ　ヴォーネ　ミット　マイネム　フほイント
Ich wohne mit meinem Freund.

私は友だちと一緒に住んでいます。

バイ
＊ **bei**「～のもとで」は英語の *by* とは違って「支配領域」を表します。

エア　ヴォーント　バイ　ザイネム　オンケル
Er wohnt bei seinem Onkel.

彼はおじさんのところに住んでいます。

男性名詞の前の -em という語尾が３格を示しているよ

ツー
＊ **zu**「～へ」は英語の *to* に相当する前置詞です。

ズィー　ゲート　ツー　イーヘム　ファーター
Sie geht zu ihrem Vater.

彼女は父親のところへ行きます。

アオス
＊ **aus**「～の中から」は英語の *out of* に対応する前置詞です。

アイン　マン　コムト　アオス　デム　バーンホーフ
Ein Mann kommt aus dem Bahnhof.

一人の男性が駅から出てきます。　▸**der Bahnhof**（デア バーンホーフ）：駅

書いてみよう

実際に書いてみることで文の形を覚えましょう。

❶ イヒ はイゼ ミット マイネム ゾーン
Ich reise mit meinem Sohn.
私は息子と旅行します。

Ich reise mit meinem Sohn.

❷ エア ヴォーント バイ ザイナー タンテ
Er wohnt bei seiner Tante.
彼は叔母さんのところに住んでいます。

Er wohnt bei seiner Tante.

❸ アイン マン コムト アオス デム ホテル
Ein Mann kommt aus dem Hotel.
一人の男性がホテルから出てきます。

Ein Mann kommt aus dem Hotel.

❹ ズィー ゲート ツー イーはー ムッター
Sie geht zu ihrer Mutter.
彼女は母親のところに行きます。

Sie geht zu ihrer Mutter.

聞いてみよう

DL 2_35

音声ファイルを聞いて ________ にあてはまる前置詞と所有冠詞を埋めてみましょう。

❶ イヒ ヴォーネ トホター
Ich wohne ________ ______________ Tochter.
私は娘と一緒に住んでいます。

❷ エア ヴォーント キンダーン
Er wohnt ________ ______________ Kindern.
彼は子どものところに住んでいます。

答え ❶ ミット マイナー mit meiner ❷ バイ ザイネン bei seinen

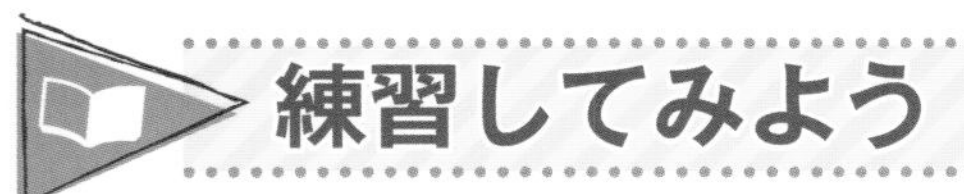

練習してみよう

日本語訳を参考に前置詞と定冠詞あるいは冠詞類の語を ______ に書いてみましょう。

❶ ■ mein Bruder（マイン ブふーダー） 兄・弟

Ich reise ________ ____________ Bruder.（イヒ はイゼ … ブふーダー）

私は兄と一緒に旅行します。

❷ ■ sein Bruder（ザイン ブふーダー） 彼の兄・弟

Er wohnt ________ ____________ Bruder.（エア ヴォーント … ブフーダー）

彼は兄のところに住んでいます。

❸ ■ die Bank（ディ バンク） 銀行

Ein Mann kommt ________ ____________ Bank.（アイン マン コムト … バンク）

一人の男性が銀行から出てきます。

❹ ■ ihre Kinder（イーへ キンダー） 彼女の子どもたち

Sie geht ________ ____________ Kindern.（ズィー ゲート … キンダーン）

彼女は子どもたちのところへ行きます。

※複数３格では名詞にも -n がつきます。

乗り物を表す表現 mit（ミット）＋３格

英語では *by car* のように表現されますが、ドイツ語では手段や道具を表す mit（ミット）（*with* に対応）を用いて表します。

Ich fahre mit dem Zug nach Dresden.（イヒ ファーへ ミット デム ツーク ナーハ ドへースデン）

私は列車でドレスデンに行きます。

mit dem Auto（ミット デム アオト）「車で」

mit dem Bus（ミット デム ブス）「バスで」

mit dem Taxi（ミット デム タクスィ）「タクシーで」

mit der Bahn（ミット デア バーン）「鉄道で」

mit der U-Bahn（ミット デア ウーバーン）「地下鉄で」

答え ❶ mit meinem（ミット マイネム） ❷ bei seinem（バイ ザイネム） ❸ aus der（アオス デア） ❹ zu ihren（ツー イーヘン）

4格支配の前置詞

続いて4格支配の前置詞を学びます。
覚えることがたくさんあり大変ですが、あきらめずに頑張って下さい。

エア　アふバイテット　フ㋑ア　ザイン　キント

Er arbeitet für sein Kind.

主語　動詞　前置詞　所有冠詞＋名詞

彼は　子ども　のために　働いています。

4格支配の前置詞

3格支配の前置詞に続いて4格支配の前置詞を確認しましょう。例文の für（フ㋑ア）は4格支配の前置詞の代表です。

	場所	時間	その他	英語の対応語
ビス **bis**	—	～まで	—	*till*
ドゥふヒ **durch**	～を通って	—	～によって	*through*
エントラン(グ) **entlang**	～に沿って	—	—	*along*
フ㋑ア **für**	—	—	～のために	*for*
ゲーゲン **gegen**	～に対して	～時頃	～に対して	*against*
オーネ **ohne**	—	—	～なしで	*without*
ウム **um**	～の周りに	～時に	～を求めて	*round*

発音してみよう

実際に前置詞が使われた文章を声に出して読んでみましょう。

＊ **für**（フィア）「～のために」は英語の *for* に対応する前置詞です。

エア　アふバイテット　フィア　ザイン　キント
Er arbeitet für sein Kind.

彼は子どものために働いています。

ズィー　トヘニーアト　フィア　ディ　オリンピアーデ
Sie trainiert für die Olympiade.

彼女はオリンピックのために練習しています。　▸**trainieren**（トヘニーヘン）：練習する

ダス　イスト　フィア　ズィー
Das ist für Sie.

これはあなたへです。（贈り物などの場合）

＊ **durch**（ドゥふヒ）「～を通って」は英語の *through* に対応する前置詞です。

ヴィア　ゲーエン　ドゥふヒ　デン　パふク
Wir gehen durch den Park.

私たちは公園を通って歩いて行きます。

＊ **ohne**（オーネ）「～なしで」は英語の *without* に対応する前置詞です。

ディ　フはオ　ゲート　ホイテ　オーネ　イーヘン　フント
Die Frau geht heute ohne ihren Hund.

その女性は今日犬を連れずに歩いています。　▸**der Hund**（デア　フント）：犬

書いてみよう

実際に書いてみることで文の形を覚えましょう。

名詞と性と冠詞の格変化はばっちりかな？

エア　アふバイテット　フ(イ)ア　ザイネ　ファミーリエ
Er arbeitet für seine Familie.
彼は家族のために働きます。　▸**die Familie**（ディ ファミーリエ）：家族

Er arbeitet für seine Familie.

ヴィア　ゲーエン　ドゥふヒ　ダス　ドふフ
Wir gehen durch das Dorf.
私たちは村を通って行きます。　▸**das Dorf**（ダス ドふフ）：村

Wir gehen durch das Dorf.

ディ　フはオ　ゲート　ホイテ　オーネ　イア　キント　シュパツィーヘン
Die Frau geht heute ohne ihr Kind spazieren.
その女性は今日は子どもを連れずに散歩に行きます。　▸**spazieren**（シュパツィーヘン）：散歩する

Die Frau geht heute ohne ihr Kind spazieren.

聞いてみよう

DL 2_38

音声ファイルを聞いて ＿＿＿＿ にあてはまる前置詞と冠詞を埋めてみましょう。

❶ エア　アふバイテット　フィふマ
Er arbeitet ＿＿＿＿ ＿＿＿＿ Firma.
彼は会社のために働きます。　▸**die Firma**（ディ フィふマ）：会社

❷ ヴィア　ゲーエン　シュタット
Wir gehen ＿＿＿＿ ＿＿＿＿ Stadt.
私たちは町を通って行きます。　▸**die Stadt**（ディ シュタット）：都市

❸ ディ　フはオ　ゲート　ホイテ　ゾーン
Die Frau geht heute ＿＿＿＿ ＿＿＿＿ Sohn.
その女性は今日は息子を連れずに出かけます。　▸**ihr Sohn**（イア ゾーン）：彼女の息子

答え　❶ für seine（フ(イ)ア ザイネ）　❷ durch die（ドゥふヒ ディ）　❸ ohne ihren（オーネ イーヘン）

日本語訳を参考に前置詞と定冠詞あるいは冠詞類の語を ＿＿＿ に書いてみましょう。

❶ seine Kinder（ザイネ キンダー） 彼の子どもたち

Er arbeitet ＿＿＿＿ ＿＿＿＿＿＿ Kinder.（エア アふバイテット … キンダー）

彼は子どものために働きます。

❷ seine Prüfung（ザイネ プ(ひ)ーフン(グ)） 彼の試験

Er lernt ＿＿＿＿ ＿＿＿＿＿＿ Prüfung.（エア レふント … プ(ひ)ーフン(グ)）

彼は試験のために勉強します。 ▸lernen（レふネン）：勉強する

❸ die Küche（ディ (キ)ッヒェ） キッチン

Wir gehen ＿＿＿＿ ＿＿＿＿＿＿ Küche.（ヴィア ゲーエン … (キ)ッヒェ）

私たちはキッチンを通って行きます。

STEP UP!

あたえられた単語を使って、日本語訳に合うようにドイツ語の文章を書いてみましょう。

① der Garten（デア ガふテン） 庭

＿＿＿＿＿＿＿＿＿＿＿＿＿＿＿＿＿＿＿＿

私たちは庭を通って行きます。

② ihre Tasche（イーへ タッシェ） 彼女のバッグ

＿＿＿＿＿＿＿＿＿＿＿＿＿＿＿＿＿＿＿＿

その女性は今日、バッグを持たずに歩いています。

2章 ドイツ語の文法超基礎

答え

❶ für seine（フ(イ)ア ザイネ） ❷ für seine（フ(イ)ア ザイネ） ❸ durch die（ドゥふヒ ディ）

① Wir gehen durch den Garten.（ヴィア ゲーエン ドゥふヒ デン ガふテン） ② Die Frau geht heute ohne ihre Tasche.（ディ フはオ ゲート ホイテ オーネ イーへ タッシェ）

3・4格支配の前置詞

前置詞の中には３格と４格の両方と結びつくものがあります。
３格のときは「場所」、４格のときは「方向」を表します。

ダス　ブーフ Das Buch	リークト liegt	アオフ auf	デム　ティッシュ dem Tisch.
主語	動詞	前置詞	定冠詞＋名詞
その本は	ありません。	上に	机の

3・4格支配の前置詞

これまで特定の格と結びつく前置詞を覚えましたが、ドイツ語には３格と４格のどちらとも結びつく前置詞があります。これらは場所に関する基本的な前置詞で全部で９個あります。３格と結びつくときは「場所・位置」を、４格と結びつくときは「(移動の) 方向」を表します。次の表で確認しましょう。

	場所	時間	その他	英語の対応語
アン **an**	～のところに／へ	～に	―	*at (on)*
アオフ **auf**	～の上に／へ	―	―	*on (up)*
ヒンター **hinter**	～の後ろに／へ	―	―	*behind*
イン **in**	～の中に／へ	～中に、 ～以内に	―	*in*
ネーベン **neben**	～の横に／へ	―	―	*beside*
(イ)ーバー **über**	～の上方に／へ	―	～について	*over*
ウンター **unter**	～の下方に／へ	―	―	*under*
フォア **vor**	～の前に／へ	～前に	―	*before*
ツヴィッシェン **zwischen**	～の間に／へ	―	―	*between*

3格と4格での意味のちがい

P.96 の表の場所を表す 9 つの前置詞は 3 格と 4 格の 2 つの格と結びつき、3 格の場合は静的な位置を、4 格の場合は移動先を表します。具体的に見てみましょう。

✻ in（イン）「～の中に／へ」の場合

この違いは wo（ヴォー）「どこに／で」と wohin（ヴォーヒン）「どこへ」の 2つの疑問詞が対応するね

＊ **in**（イン） + 3 格

Er ist in der Stadt.（エア イスト イン デア シュタット）

彼は町（の中）にいる。

＊ **in**（イン） + 4 格

Er fährt in die Stadt.（エア フェーアト イン ディ シュタット）

彼は町（の中）へ行く。

発音してみよう

実際に 3 ・ 4 格支配の前置詞が使われた文章を発音してみましょう。

✻ 3格の場合

Wo ist das Buch?（ヴォー イスト ダス ブーフ）

その本はどこにありますか？

－ **Das Buch liegt auf dem Tisch.**（ダス ブーフ リークト アオフ デム ティッシュ）

本は机の上にありますよ。　▸**liegen**（リーゲン）：横たわっている

✻ 4格の場合

Wohin legt er das Buch?（ヴォーヒン レークト エア ダス ブーフ）

彼は本をどこに置きますか？　▸**legen**（レーゲン）：（寝かせた形で）置く

－ **Er legt das Buch auf den Tisch.**（エア レークト ダス ブーフ アオフ デン ティッシュ）

彼は机の上に置きます。

書いてみよう

実際に書いてみることで文の形を覚えましょう。

ヴォー シュテート ダス ファーふはート
❶ **Wo steht das Fahrrad?**
自転車はどこに止まっていますか？

Wo steht das Fahrrad?

ダス ファーふはート シュテート フォア デム ハオス
– **Das Fahrrad steht vor dem Haus.**
自転車は家の前に止まっています。

Das Fahrrad steht vor dem Haus.

ヴォーヒン シュテルト エア ダス ファーふはート
❷ **Wohin stellt er das Fahrrad?**
彼はどこに自転車を止めますか？

Wohin stellt er das Fahrrad?

エア シュテルト ダス ファーふはート フォア ダス ハオス
– **Er stellt das Fahrrad vor das Haus.**
彼は自転車を家の前に止めます。

Er stellt das Fahrrad vor das Haus.

聞いてみよう

DL 2_41

音声ファイルを聞いて ______ にあてはまる前置詞と冠詞を埋めてみましょう。

ヴォー イスト ダス ファーふはート
❶ **Wo ist das Fahrrad?**
自転車はどこにありますか？ ▸**das Fahrrad**（ダス ファーふはート）：自転車

ダス ファーふはート イスト ハオス
– **Das Fahrrad ist ________ ______ Haus.**
自転車は家の裏（後ろ）にあります。

ヴォーヒン ゲート デア フント
❷ **Wohin geht der Hund?**
その犬はどこへ行きますか？

デア フント ゲート ティッシュ
– **Der Hund geht ________ ______ Tisch.**
犬は机の後ろの方に行きます。

答え ❶ hinter dem（ヒンター デム） ❷ hinter den（ヒンター デン）

練習してみよう

意味をよく考えて3格か4格どちらかの適切な定冠詞を入れてみましょう。

❶ Vor _______ Haus steht ein Sportwagen.（フォア ハオス シュテート アイン シュポふトヴァーゲン）

家 (das Haus) の前にスポーツカーが止まっています。 ▸**der Sportwagen**：スポーツカー

❷ Er hängt das Bild an _______ Wand.（エア ヘングト ダス ビルト アン ヴァント）

彼はその絵を壁にかけます。 ▸**hängen**：かける ▸**die Wand**：壁

❸ Wir stellen das Sofa zwischen _____ Regal und _____ Tisch.（ヴィア シュテレン ダス ゾーファ ツヴィッシェン ヘーガル ウント ティッシュ）

私たちはソファーを棚と机の間に置きます。

❹ Die Lampe hängt über _______ Tisch.（ディ ランペ ヘングト ㋑ーバー ティッシュ）

照明はテーブルの上にさがっています。

STEP UP!

日本語に合わせて前置詞と冠詞を _______ に入れてみましょう。

① Sie setzt ihren Sohn _______ _______ Stuhl.（ズィー ゼッツト イーヘン ゾーン シュトゥール）

彼女は息子を椅子 (der Stuhl) に座らせる。

② Die Katze schläft _______ _______ Tisch.（ディ カッツェ シュレーフト ティッシュ）

猫は机 (der Tisch) の下で寝ています。

答え

❶ dem ❷ die ❸ das / den ❹ dem

① auf den ② unter dem

2章 ドイツ語の文法超基礎

2-20 前置詞と定冠詞の融合形

これまで、前置詞の格支配について学んできました。
前置詞と定冠詞はときに合体することがあります。

デア ファーター イスト イム ガふテン
Der Vater ist im Garten.
主語 動詞 〔前置詞＋定冠詞〕＋名詞
お父さんは 庭（の中）に います。

前置詞と定冠詞の融合

ドイツ語では前置詞と定冠詞が並んだとき、融合して１つになることがあります。例えば次の文章では、どこか特別な特定の庭ではなく、ふつうに自宅の庭にいるような場合、定冠詞は弱く発音され、dem（デム）の de が落ちます（in (de)m > i(n)m > im）。

デア ファーター イスト イム ガふテン
Der Vater ist im Garten.
お父さんは庭にいます。

しかし、in（イン）と dem（デム）が並ぶといつでも融合するというわけではなく、「(毎年みんなでバーベキューをした）あの庭に」というように，指示性が高い場合には定冠詞は強く発音され、前置詞と融合することはありません。
これは融合形にできない場合でも同じです。ふつう定冠詞は弱く発音されますが、指示性が強ければアクセントがおかれます。

デア ファーター イスト イン デーア キュッヒェ
Der Vater ist in der Küche.
お父さんは（特定の）あの台所にいます。 ▸**die Küche**（ディ キュッヒェ）：台所

融合形になりやすいパターン

融合形になるのは主に以下のケースです

a(n de)m → am（アム）	an (da)s → ans（アンス）	bei (de)m → beim（バイム）
i(n de)m → im（イム）	in (da)s → ins（インス）	vo(n de)m → vom（フォム）
zu (de)m → zum（ツム）	zu (de)r → zur（ツア）	

発音してみよう

前置詞と定冠詞の融合形を実際に声に出すことで覚えよう。

✻ zum（ツム）（場所）とzur（ツア）（場所）

Wohin gehen Sie?（ヴォーヒン ゲーエン ズィー）

どこへ行くのですか？

– **Ich gehe zum Bahnhof.**（イヒ ゲーエ ツム バーンホーフ）

私は駅へ行きます。

– **Ich gehe zur Post.**（イヒ ゲーエ ツア ポスト）

私は郵便局へ行きます。

✻ am（アム）（時間）とins（インス）（方向）とim（イム）（場所）

Was machen Sie am Wochenende?（ヴァス マッヘン ズィー アム ヴォッヘンエンデ）

あなたは週末に何をしますか？ ▸das Wochenende（ダス ヴォッヘンエンデ）：週末

– **Ich gehe ins Kino.**（イヒ ゲーエ インス キーノ）

私は映画を見に行きます。（映画館の中へ行く）

– **Ich lese im Café.**（イヒ レーゼ イム カフェー）

私はカフェで読書をします。

✻ ins（インス）（方向）とim（イム）（時間）

Wann reisen Sie ins Ausland?（ヴァン ライゼン ズィー インス アオスラント）

あなたたちはいつ海外旅行に行きますか？ ▸das Ausland（ダス アオスラント）：外国

– **Wir reisen im Sommer ins Ausland.**（ヴィア ライゼン イム ゾンマー インス アオスラント）

私たちは夏に海外旅行に行きます。 ▸der Sommer（デア ゾンマー）：夏

✻ am（アム）（時間）

Wann lernen Sie Deutsch?（ヴァン レルネン ズィー ドイチュ）

あなたはいつドイツ語の勉強をしますか？

– **Am Vormittag lerne ich Deutsch.**（アム フォーアミッターク レルネ イヒ ドイチュ）

午前中にドイツ語の勉強をします。 ▸der Vormittag（デア フォーアミッターク）：午前

書いてみよう

実際に書いてみることで文の形を覚えましょう。

❶ ヴォー イスト ズィー
Wo ist sie?
彼女はどこにいますか？

Wo ist sie?

ズィー イスト イム ㋪ほー
– **Sie ist im Büro.**
彼女はオフィスにいます。 ▸ダス ㋪ほー **das Büro**：オフィス

Sie ist im Büro.

❷ ヴォーヒン ゲーエン ズィー
Wohin gehen Sie?
どこへ行きますか？

Wohin gehen Sie?

イヒ ゲーエ ツム ウンターひヒト
– **Ich gehe zum Unterricht.**
私は授業に行きます。 ▸デア ウンターひヒト **der Unterricht**：授業

Ich gehe zum Unterricht.

聞いてみよう

DL 2_43

音声ファイルを聞いて融合形を ________ に書いてみましょう。

❶ ヴォー イスト ズィー
Wo ist sie?
彼女はどこにいますか？

ズィー イスト フルークハーフェン
– **Sie ist ________ Flughafen.**
彼女は空港にいます。 ▸デア フルークハーフェン **der Flughafen**：空港

❷ ヴォーヒン ゲーエン ズィー
Wohin gehen Sie?
どこへ行きますか？

イヒ ゲーエ パーティ
– **Ich gehe ________ Party.**
私はパーティーに行きます。

答え ❶ イム im ❷ ツア zur

空所を補って質問に答えてみましょう。前置詞と定冠詞の融合形が可能なものは融合形で答えてください。

❶ ヴォー イスト ズィー
Wo ist sie? 彼女はどこにいますか？

デア ガふテン
■ **der Garten** 庭

ズィー イスト ガふテン
– **Sie ist ________ Garten.** 彼女は庭にいます。

❷ ヴォー イスト ズィー
Wo ist sie?

ダス ヴォーンツィマー
■ **das Wohnzimmer** 居間

ズィー イスト ヴォーンツィマー
– **Sie ist ________ Wohnzimmer.** 彼女は居間にいます。

❸ ヴォーヒン ゲーエン ズィー
Wohin gehen Sie? どこへ行きますか？

デア バーンホーフ
■ **der Bahnhof** 駅

イヒ ゲーエ バーンホーフ
– **Ich gehe ________ Bahnhof.** 私は駅に行きます。

STEP UP!

上の問題を参考にして、与えられた単語を使って日本語に合わせてドイツ語で文章を書いてみましょう。

① ヴォー イスト ズィー
Wo ist sie? 彼女はどこにいますか？

ディ ㋖ッヒェ
■ **die Küche** 台所 – ______________________________

彼女は台所にいます。

② ヴォーヒン ゲーエン ズィー
Wohin gehen Sie? あなたはどこへ行きますか？

ダス はートハオス
■ **das Rathaus** 市役所 – ______________________________

私は市役所に行きます。

❶ im（イム） ❷ im（イム） ❸ zum（ツム） ① Sie ist in der Küche.（ズィー イスト イン デア ㋖ッヒェ） ② Ich gehe zum Rathaus.（イヒ ゲーエ ツム はートハオス）

時間に関する表現

ドイツ語には時間を表す表現はたくさんあります。
前置詞を使った表現をここでまとめて覚えましょう。

Vor dem Essen（フォア デム エッセン）	trinken（トリンケン）	wir（ヴィア）	Sekt.（ゼクト）
時間の副詞句（前置詞＋定冠詞＋名詞）	動詞	主語	目的語

食事の前に　私たちは　シャンパンを　飲みます。

時間に関する表現

ここでは時間に関する表現をまとめておきます。

✻時間に関する前置詞一覧（主要なもの）

von（フォン）「～から」 **bis**（ビス）「～まで」 **seit**（ザイト）「～以来（ずっと）」 **ab**（アップ）「～以降」 **vor**（フォア）「～前に」
bei（バイ）「～の際に」 **nach**（ナーハ）「～の後に」 **gegen**（ゲーゲン）「～頃に」 **in**（イン）「～以内に」

✻時間にかかわる単語

1日の中の時間

der Morgen（デア モルゲン）「朝」 **der Tag**（デア ターク）「昼」 **der Abend**（デア アーベント）「晩」 **die Nacht**（ディ ナハト）「夜」
der Vormittag（デア フォーアミッターク）「午前」 **der Mittag**（デア ミッターク）「正午」 **der Nachmittag**（デア ナーハミッターク）「午後」

曜日

der Montag（デア モーンターク）「月曜日」 **der Dienstag**（デア ディーンスターク）「火曜日」 **der Mittwoch**（デア ミットヴォッホ）「水曜日」
der Donnerstag（デア ドナスターク）「木曜日」 **der Freitag**（デア フライターク）「金曜日」 **der Samstag**（デア ザムスターク）「土曜日」
der Sonntag（デア ゾンターク）「日曜日」

季節

der Frühling（デア フリューリン(グ)）「春」 **der Sommer**（デア ゾンマー）「夏」 **der Herbst**（デア ヘルプスト）「秋」 **der Winter**（デア ヴィンター）「冬」

発音してみよう

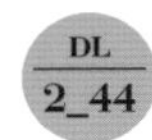

時間に関する表現を使った文章を発音してみましょう。

＊ vor（フォア） ～前に（3格と使用）

vor drei Tagen（フォア ドはイ ターゲン）

3日前に

vor einer Woche（フォア アイナー ヴォッヘ）

1週間前に

Vor dem Essen trinken wir Sekt.（フォア デム エッセン トひンケン ヴィア ゼクト）

食事の前にシャンパンを飲みます。

＊ bei（バイ） ～の際に（3格と使用）

bei der Arbeit（バイ デア アふバイト）

仕事の際に

Beim Essen trinken wir Wein.（バイム エッセン トひンケン ヴィア ヴァイン）

食事の際にはワインを飲みます。

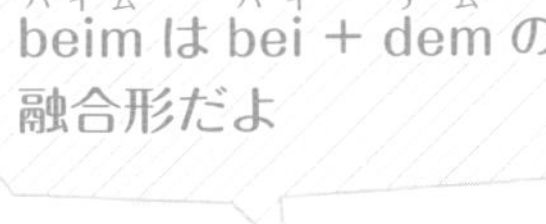

beim（バイム）は bei（バイ）＋ dem（デム）の
融合形だよ

＊ nach（ナーハ） ～の後で（3格と使用）

nach der Schule（ナーハ デア シューレ）

放課後　▸die Schule（ディ シューレ）：学校

Nach dem Essen trinken wir Kaffee.（ナーハ デム エッセン トひンケン ヴィア カフェー）

食事の後にはコーヒーを飲みます。

時間に関する頻出表現 am

「～（の時）に」という意味の前置詞 an（アン）は中性・男性の3格の定冠詞 dem（デム）と融合して am（アム）となります。左ページからわかるように、時を示す名詞には男性のものが多いので、am（アム）という表現は時間に関するドイツ語でよく見られます。

am Abend（アム アーベント） 晩に　　**am Montag**（アム モーンターク） 月曜に

am Vormittag（アム フォーアミッターク） 午前中に　　**am Wochenende**（アム ヴォッヘンエンデ） 週末に

書いてみよう

なぞって書くことで文の形を覚えます。

ナーハ　デム　ウンターリヒト　ゲーエン　ヴィア　グライヒ　ナーハ　ハオゼ

❶ **Nach dem Unterricht gehen wir gleich nach Hause.**

授業の後、私たちはすぐに家に帰ります。▸**gleich**（グライヒ）：すぐに

Nach dem Unterricht gehen wir gleich nach Hause.

ヴィー　ランゲ　ヴォーネン　ズィー　ヒーア

❷ **Wie lange wohnen Sie hier?**

どれくらいここに住んでいますか？

Wie lange wohnen Sie hier?

イヒ　ヴォーネ　ザイト　ディーゼム　ゾンマー　ヒーア

– **Ich wohne seit diesem Sommer hier.**

私は夏から住んでいます。

Ich wohne seit diesem Sommer hier.

seit（ザイト）「～以来（ずっと）」は
「10ヵ月前から」のように期間をいう場合と
「1月10日から」のように時点をいう場合があるよ

聞いてみよう

音声ファイルを聞いて ＿＿＿＿＿ に入る語を書き取りましょう。

❶ ＿＿＿＿＿ ＿＿＿＿＿ **gehe ich ins Kino.**（ゲーエ　イヒ　インス　キーノ）

日曜日に私は映画を見に行きます。

❷ **Ich wohne** ＿＿＿＿＿ ＿＿＿＿＿ ＿＿＿＿＿ **hier.**（イヒ　ヴォーネ　…　ヒーア）

私はひと月前からここに住んでいます。

答え　❶ Am Sonntag（アム　ゾンターク）　❷ seit einem Monat（ザイト　アイネム　モーナト）

練習してみよう

与えられた単語を使って日本語訳を参考に前置詞と冠詞を ＿＿ に入れてみましょう。

❶ ■ der Unterricht　授業
（デア　ウンターリヒト）

＿＿＿＿ ＿＿＿＿ Unterricht habe ich keine Zeit.
（ウンターリヒト　ハーベ　イヒ　カイネ　ツァイト）

授業の前は私は時間がありません。

❷ ■ eine Woche　1 週間
（アイネ　ヴォッヘ）

Ich wohne ＿＿＿＿ ＿＿＿＿ Woche hier.
（イヒ　ヴォーネ　ヴォッヘ　ヒーア）

私は 1 週間前からここに住んでいます。

❸ ■ der Mittwoch　水曜日
（デア　ミットヴォッホ）

＿＿＿＿ Mittwoch gehe ich ins Kino.
（ミットヴォッホ　ゲーエ　イヒ　インス　キーノ）

水曜日に映画を見に行きます。

❹ ■ die Arbeit　仕事
（ディ　アふバイト）

＿＿＿＿ ＿＿＿＿ Arbeit sprechen wir wenig.
（アふバイト　シュプヘッヒェン　ヴィア　ヴェーニヒ）

仕事の際には私たちは少ししかしゃべりません。

❺ ■ das Konzert　コンサート
（ダス　コンツェふト）

＿＿＿＿ ＿＿＿＿ Konzert gehen wir ins Café.
（コンツェふト　ゲーエン　ヴィア　インス　カフェー）

コンサートの後に私たちはカフェに行きます。

答え　❶ Vor dem（フォア　デム）　❷ seit einer（ザイト　アイナー）　❸ Am（アム）　❹ Bei der（バイ　デア）　❺ Nach dem（ナーハ　デム）

2-22

分離動詞

ドイツ語には２つの単語を
組み合わせてできた動詞があります。

トーマス　ふーフト　ザイネン　フほイント　アン

Thomas ruft seinen Freund an.

主語　動詞　目的語　前つづり

トーマスは　友だちに　電話をかけます。

分離動詞

ドイツ語は潜在的に動詞が後ろにあるタイプの言語です。そのため、英語の *stand up, go out, come back* のような動詞句はドイツ語では *up stand, out go, back come* のような語順になります。そして、ドイツ語は意味が１つだとつなげて１語書きしますので、aufstehen（アオフシュテーエン）「立ち上がる・起きる」（*up-stand*）, ausgehen（アオスゲーエン）「外出する」（*out-go*）, zurückkommen（ツーⓇックコメン）「帰ってくる」（*back-come*）のような動詞ができます。

もともと２つの要素をつないで書いているので、定形第２位の原則で動詞が前の方に位置すると、前つづりは文末に取り残されます。このような動詞のことを「分離動詞」とよびます。

イェーデン　ターク　ウム　ゼックス　アオフシュテーエン

■ **不定句：jeden Tag um sechs aufstehen**

毎日６時に起きる

イヒ　ヴァイス　ダス　エア　イェーデン　ターク　ウム　ゼックス　アオフシュテート

■ **副文：Ich weiß, dass er jeden Tag um sechs aufsteht.**

私は知っています、彼が毎日６時に起きることを。

エア　シュテート　イェーデン　ターク　ウム　ゼックス　アオフ

■ **主文：Er steht jeden Tag um sechs auf.**

彼は毎朝６時に起きます。

※定形第２位の原則で前つづりだけ文末に取り残される。

発音してみよう

分離動詞を使った例文を見てみましょう。

＊ **anrufen**（アンふーフェン） 電話する

Thomas ruft seinen Freund an.
（トーマス ふーフト ザイネン フほイント アン）

トーマスは友だちに電話をかけます。

ドイツ語では
「友だちヲ」（4格）になるよ

＊ **aufstehen**（アオフシュテーエン） 起きる

Wir stehen morgen sehr früh auf.
（ヴィア シュテーエン モふゲン ゼーア フ㋪ー アオフ）

私たちは明日とても早く起きます。▸**früh**（フ㋪ー）：早い

＊ **einkaufen**（アインカオフェン） 買い物する

Mein Vater kauft im Supermarkt ein.
（マイン ファーター カオフト イム ズーパーマふクト アイン）

私のお父さんはスーパーで買い物をします。

＊ **ankommen**（アンコメン） 到着する

Der Zug kommt um 20.50 Uhr in München an.
（デア ツーク コムト ウム ツヴァンツィヒ ウーア フ㋑ンフツィヒ イン ㋯ンヒェン アン）

電車は 20:50 にミュンヘンに到着します。

＊ **aussehen**（アオスゼーエン） 見える

Meine Mutter sieht sehr müde aus.
（マイネ ムッター ズィート ゼーア ㋯ーデ アオス）

私の母はとても疲れているように見えます。▸**müde**（㋯ーデ）：疲れた

英語の語順との比較

P.108 の文章の語順を英語の文章と見比べてみましょう。語順がちょうど逆になっています。どちらも動詞に近い方から動詞により関係する語が置かれていることがわかります。

jeden Tag❹ **um sechs**❸ **auf**❷ **stehen**❶
（イェーデン ターク ウム ゼックス アオフ シュテーエン）

*get*❶ *up*❷ *at six*❸ *every day*❹

書いてみよう

なぞって書くことで文の形を覚えます。

❶ エア シュタイクト イン アオクスブルク アオス
Er steigt in Augsburg aus.
彼はアウクスブルクで下車します。 ▸**aussteigen**（アオスシュタイゲン）：下車する

Er steigt in Augsburg aus.

❷ イヒ ネーメ アイネン ヘーゲンシふム ミット
Ich nehme einen Regenschirm mit.
私は傘を持って行きます。 ▸**mitnehmen**（ミットネーメン）：持っていく

Ich nehme einen Regenschirm mit.

❸ デア クーヘン ズィート ゼア レッカー アオス
Der Kuchen sieht sehr lecker aus.
そのケーキはとてもおいしそうです。 ▸**aussehen**（アオスゼーエン）「〜に見える」 ▸**lecker**（レッカー）「おいしい」

Der Kuchen sieht sehr lecker aus.

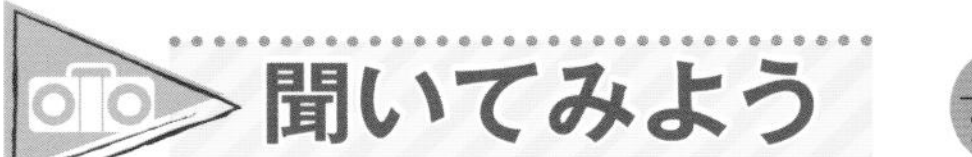

聞いてみよう

DL 2_47

音声ファイルを聞いて、与えられた動詞がどう分離するか確認しましょう。

❶ ■ **vorlesen**（フォーアレーゼン） 読んで聞かせる（前で読む）

ディ レーはひン デン シーラーン ダス ブーフ
Die Lehrerin _________ den Schülern das Buch _______.
先生はその本を生徒たちの前で読んで聞かせます。

❷ ■ **umziehen**（ウムツィーエン） 引っ越す

イヒ イム ゾンマー
Ich _________________ im Sommer _______.
私は夏に引っ越します。

答え ❶ liest（リースト） / vor（フォーア） ❷ ziehe（ツィーエ） / um（ウム）

日本語訳から想像して、適合する前つづりを下の表から選んで書き込んでください。

アップ **ab** 離脱	アオフ **auf** 開放	フォーア **vor** 前に	ツー **zu** 閉鎖

ヴィア　マッヘン　ゾフォルト　ダス　ペックヒェン
❶ **Wir machen sofort das Päckchen ________.**
私たちはすぐに小包を開けます。　▸**das Päckchen**（ダス ペックヒェン）：小包

デア　シュトゥデント　マハト　ディ　フェンスター
❷ **Der Student macht die Fenster ________.**
その学生は窓を閉めます。

シュテレン　ズィー　ズィヒ　ビッテ　クふツ
❸ **Stellen Sie sich bitte kurz ________.**
簡単に自己紹介してください。　▸**sich**（ズィヒ）：自分を　▸**bitte**（ビッテ）：どうぞ　▸**kurz**（クふツ）：短い

デア　ツーク　フェーアト　ウム　エルフ
❹ **Der Zug fährt um elf ________.**
列車は 11 時に発車します。

STEP UP!

日本語訳に合わせて ________ を埋めてみましょう。

① ■ **mitkommen**（ミットコメン）　一緒に来る

イヒ　ゲーエ　イェツト　アインカオフェン　　ズィー　アオホ
Ich gehe jetzt einkaufen. ________ Sie auch ________?
今から買い物に行くけれど、一緒にきますか？

② ■ **umsteigen**（ウムシュタイゲン）　乗り換える

ズィー　イン　ケルン
________ Sie in Köln ________.
ケルンで乗り換えてください（命令文）。

答え
❶ auf（アオフ）（aufmachen（アオフマッヘン）：開ける）　❷ zu（ツー）（zumachen（ツーマッヘン）：閉じる）
❸ vor（フォーア）（vorstellen（フォーアシュテレン）：紹介する）　❹ ab（アップ）（abfahren（アップファーレン）：発車する）
① Kommen（コメン） / mit（ミット）　② Steigen（シュタイゲン） / um（ウム）

2-23

動詞の前つづり

分離動詞の基本はわかったでしょうか。
しかし、前つづりがあれば常に分離動詞となる訳ではないので注意しましょう。

ユーリア	ベコムト	アイネン　ブひーフ
Julia	**bekommt**	**einen Brief.**
主語	動詞	目的語

ユーリアは　手紙を　もらいます。

ドイツ語の前つづり

英語には *come* — *become, stand* — *understand* のような動詞のペアはほんのわずかしかありませんが、ドイツ語は動詞の前に接頭辞（前つづり）を付けることで、新たな動詞をつくることが盛んに行われます。
この動詞の前つづりには、アクセントがあり動詞が分離する「分離前つづり」と、アクセントがなく分離しない「非分離前つづり」、分離する場合と分離しない場合のある「分離・非分離の前つづり」があります。

✻ 分離前つづり（アクセントは前つづり）

分離前つづりは単語としても存在します。中心的なものは前置詞や副詞ですが、名詞や形容詞が熟語的に動詞と結びついて１語になっているものもあります。

アン　アオフ　アオス　バイ　ミット　ナーハ　フォーア　ツー　アップ　アイン　ヘーア　ヒン　ロース　ヴェック　ツーひュック　ツザンメン
an, auf, aus, bei, mit, nach, vor, zu; ab, ein, her, hin, los, weg, zurück, zusammen など（無数にある）

分離動詞は英語の *stand up* や *go out* のような語が、動詞が後ろの語順になるドイツ語で *up stand, out go* のように並んで１語に続け書きされたものですから、英語の場合と同じように、元の前置詞や副詞の意味から動詞の意味がわかることがあります。

✻ 非分離前つづり（アクセントは基礎動詞）（7＋1つ）

非分離前つづりは、分離前つづりに比べて数が少ないです。7つの非分離前つづりを覚えてしまいましょう。be（ベ）, emp（エンプ）, ent（エント）, er（エア）, ge（ゲ）, ver（フェア）, zer（ツェア）; (miss（ミス）)
非分離前つづりは、それ自身は単語として存在しません（be（ベ）という単語はない）。

miss（ミス）は特殊だからまずは7つを覚えよう

✻ 分離・非分離の前つづり（8つ）

分離・非分離のどちらにもなる前つづりは以下の８つです。動詞になった場合、不定形は分離と非分離で同じになりますが、意味は異なります。

ドゥふヒ　ヒンター　㋑ーバー　ウム　ウンター　フォル　ヴィーダー　ヴィーダー
durch, hinter, über, um, unter, voll, wider, wieder

発音してみよう

前つづりがついた動詞の出てくる文章を発音してみましょう。

✻ 分離前つづり

アンツィーエン
anziehen 着る

ダス　メートヒェン　ツィート　デン　マンテル　アン
Das Mädchen zieht den Mantel an.

少女はコートを着ます。

✻ 非分離前つづり

ベコメン
bekommen もらう

ユーリア　ベコムト　アイネン　ブひーフ
Julia bekommt einen Brief.

ユーリアは手紙をもらいます。　▸デア ブひーフ **der Brief**：手紙

エアツェーレン
erzählen 話して聞かせる

デア　ファーター　エアツェールト　デン　キンダーン　アイン　メーアヒェン
Der Vater erzählt den Kindern ein Märchen.

お父さんは子どもたちに童話を話して聞かせます。▸ダス メーアヒェン **das Märchen**：童話

フェアシュプヘッヒェン
versprechen 約束する

マイネ　ムッター　フェアシュプひヒト　ミア　イン　ノートフェレン　ヒルフェ
Meine Mutter verspricht mir in Notfällen Hilfe.

私のお母さんは困ったら助けると約束してくれています。▸ディ ヒルフェ **die Hilfe**：助け

ヴィーダー
wieder が非分離になるのは
ヴィーダーホーレン
wiederholen「くり返す」の
１語だけだよ

✻ 分離・非分離前つづり

ヴィーダーホーレン
wiederholen くり返す

デア　レーはー　ヴィーダーホールト　ディ　フはーゲ
Der Lehrer wiederholt die Frage.

先生は質問をくり返します。▸ディ フはーゲ **die Frage**：質問

書いてみよう

なぞって書くことで文の形を覚えます。

❶ **Ich hole das Paket von der Post ab.**
（イヒ ホーレ ダス パケート フォン デア ポスト アップ）

私は小包を郵便局へ取りに行きます。 ▸**abholen**（アップホーレン）：取りに行く

Ich hole das Paket von der Post ab.

❷ **Entschuldigen Sie bitte die Störung!**
（エントシュルディゲン ズィー ビッテ ディ シュ㋢ーふン(グ)）

邪魔を許して下さい。（命令文）→お邪魔してすみません。

▸**entschuldigen**（エントシュルディゲン）：許す ▸**die Störung**（ディ シュ㋢ーふン(グ)）：邪魔

Entschuldigen Sie bitte die Störung!

聞いてみよう

以下の語のアクセントのある母音に線を引いてみましょう。分離前つづりでは前つづりにアクセントがきて、非分離前つづりでは基礎動詞にアクセントがきます。

❶ **aufstehen**（アオフシュテーエン）
起きる

❷ **ausstehen**（アオスシュテーエン）
我慢する

❸ **beistehen**（バイシュテーエン）
助ける

❹ **bestehen**（ベシュテーエン）
合格する

❺ **ankommen**（アンコメン）
到着する

❻ **bekommen**（ベコメン）
もらう

❼ **ausgehen**（アオスゲーエン）
出かける

❽ **vergehen**（フェアゲーエン）
時が経つ

❶ aufstehen ❷ ausstehen ❸ beistehen ❹ bestehen
❺ ankommen ❻ bekommen ❼ ausgehen ❽ vergehen

日本語に合わせて、与えられた単語を使って文を作ってみましょう。文末の空欄に何も入らない場合は×を付けてください。

❶ ■ **vorbereiten** フォーアベはイテン 準備する

Die Lehrerin ______________ den Test _________.
ディ　　レーはひン　　　　　　　　　　　　　　　デン　テスト

先生はテストの準備をします。

❷ ■ **übersetzen** イーバーゼッツェン 翻訳する

Er __________________ den Roman aus dem Deutschen ins Japanische ______ .
エア　　　　　　　　　　　　デン　ほーマン　アオス　デム　　ドイチェン
インス　ヤパーニッシェ

彼はその小説をドイツ語から日本語へ翻訳します。▸**der Roman**：長編小説
デア　はマーン

❸ ■ **wiedersehen** ヴィーダーゼーエン 再会する

Wir ________________ uns bald _________.
ヴィア　　　　　　　　　　　　　ウンス　バルト

私たちはもうすぐ再会します。▸**bald**：もうすぐ
バルト

❹ ■ **zurückkommen** ツーびュックコメン 帰って来る

Wir __________ jeden Tag um acht nach Hause _______.
ヴィア　　　　　　イェーデン　ターク　ウム　アハト　ナーハ　ハオゼ

私たちは毎日８時に家に帰って来ます。

❺ ■ **bezahlen** ベツァーレン 支払う

Wer _________________ das Essen ______ ?
ヴェーア　　　　　　　　　　　　ダス　エッセン

誰が食事の代金を支払うのですか？

❶ bereitet / vor ❷ übersetzt / × ❸ sehen / wieder
べはイテット　フォーア　　　イーバーゼット　　　　　　ゼーエン　　ヴィーダー
❹ kommen / zurück ❺ bezahlt / ×
コメン　　ツーびュック　　　ベツァールト

2章 ドイツ語の文法超基礎

ちょっと難しい？　２格の使い方

ドイツ語の２格は英語の所有格より広い概念です。英語の所有格は名詞にかかるだけですが、ドイツ語の２格は動詞や前置詞とも結びつきます。

英語：*my book*「私の本」

ドイツ語：das（ダス） **Buch**（ブーフ） **des**（デス） **Lehrers**（レーはース）「先生の本」

statt（シュタット） **des**（デス） **Lehrers**（レーはース）「先生の代わりに」▸**statt**（シュタット）：～の代わりに

des（デス） **Lehrers**（レーはース） **gedenken**（ゲデンケン）「先生のことを偲ぶ」▸**gedenken**（ゲデンケン）：思い出す

ドイツ語の２格は上の例のように、名詞を修飾するほか、前置詞と結びついたり（2格支配の前置詞）、動詞や形容詞の目的語になったりします（2格支配の動詞、形容詞：2格目的語）。かつては名詞の領域だけでなく動詞などの領域でも頻繁に用いられていた２格ですが、現代ドイツ語では英語のように名詞の修飾に限定されてきており、それ以外の用法は主に書き言葉に限られてきています。このちょっと不思議な２格の用法を理解するには、英語の所有格が *of*＋名詞で書き換えられることを思い出すといいでしょう。ドイツ語の２格目的語は *think of the man* が des（デス） Mannes（マンネス） gedenken（ゲデンケン）「その男について考える」となっていると思うと納得がいきませんか。２格には「～について」というような意味が隠れているのです。また前置詞についても *in spite of*～→ trotz（トほッツ） des（デス） Regens（ヘーゲンス）「雨にもかかわらず」や *because of*～→ wegen（ヴェーゲン） des（デス） Regens（ヘーゲンス）「雨のために」のような *of* 付きの前置詞句を思い起こすといいと思います。

mein（マイン） Buch（ブーフ）（*my book*）における mein（マイン） はドイツ語では所有冠詞と呼ばれます。格を示すこと（格表示）が重要なドイツ語では、mein（マイン）（*my*）のような語は冠詞の仲間に分類されます。

所有冠詞　**das**（ダス） **Buch**（ブーフ） **des**（デス） **Lehrers**（レーはース） → **sein**（ザイン） **Buch**（ブーフ）「彼の本」

人称代名詞の2格　**statt**（シュタット） **des**（デス） **Lehrers**（レーはース） → **statt**（シュタット） **seiner**（ザイナー）「彼の代わりに」

des（デス） **Lehrers**（レーはース） **gedenken**（ゲデンケン） → **seiner**（ザイナー） **gedenken**（ゲデンケン）「彼を偲ぶ」

上の例のように、人称代名詞の２格は前置詞や動詞・形容詞の目的語に使われます。

ステップアップドイツ語文法

この章では２章の基礎をふまえてより発展的な文法を勉強します。
ドイツ語で表現できる世界がぐっと広がります。

3-1 動詞の過去基本形、過去分詞

ここでは、動詞の過去基本形と過去分詞の作り方を学びます。
不規則に変化するものもありますが、１つひとつ覚えていきましょう。

文法ポイント

動詞の３基本形

不定形、過去基本形（過去形の ich（イヒ）に対する形）、過去分詞の 3 つの形を「動詞の 3 基本形」と言います。語幹が変わらない規則動詞と語幹の母音が変わる不規則動詞の 2 つに大別され、どちらも過去分詞には ge- が付きます。

✻ 規則動詞（弱変化動詞）の過去基本形と過去分詞

過去基本形は語尾が -en から -te に変化します。過去分詞は単語の頭に ge- を付けて、語尾は -t となります。

動詞の形	語尾	例
不定形	——en	kaufen（カオフェン）
過去基本形	——te	kaufte（カオフテ）
過去分詞	ge——t	gekauft（ゲカオフト）

✻ 不規則動詞（強変化動詞、混合変化動詞）の過去基本形と過去分詞

不規則動詞は幹母音が変わります。過去基本形で語尾がなくなり、過去分詞が ge——en となる強変化動詞と、変化のしかたは規則動詞と同じで母音だけ変わる混合変化動詞があります。

動詞の形	語尾①	例	語尾②	例
不定形	——en	finden（フィンデン）	——en	kennen（ケネン）
過去基本形	—＊—	fand（ファント）	—＊—te	kannte（カンテ）
過去分詞	ge−＊＊−en	gefunden（ゲフンデン）	ge—＊—t	gekannt（ゲカント）

＊は母音の変化を示している

発音してみよう

DL 3_01

実際に声に出して動詞の３基本形を確認してみましょう。

まずは、規則動詞の変化です。

不定形	ダンケン danken 感謝する	グラオベン glauben 信じる	コッヘン kochen 料理する	ヴァふテン warten 待つ
過去基本形	ダンクテ dankte	グラオプテ glaubte	コホテ kochte	ヴァふテテ wartete
過去分詞	ゲダンクト gedankt	ゲグラオプト geglaubt	ゲコホト gekocht	ゲヴァふテト gewartet

続いて不規則動詞の変化です（不規則動詞は辞書では＊が付けられています）。

不定形	ファーヘン fahren* （乗物で）行く	ゲーベン geben* 与える	コメン kommen* 来る	シュヴィメン schwimmen* 泳ぐ
過去基本形	フーア fuhr	ガープ gab	カーム kam	シュヴァム schwamm
過去分詞	ゲファーヘン gefahren	ゲゲーベン gegeben	ゲコメン gekommen	ゲシュヴォメン geschwommen

不定形	トゥひンケン trinken* 飲む	エッセン essen* 食べる	シュテーエン stehen* 立つ	デンケン denken* 考える
過去基本形	トゥはンク trank	アース aß	シュタント stand	ダハテ dachte
過去分詞	ゲトゥふンケン getrunken	ゲゲッセン gegessen	ゲシュタンデン gestanden	ゲダハト gedacht

実際に書いてみることで、動詞の３基本形を覚えましょう。実際に発音しながら書くとより覚えやすくなります。

規則動詞

不定形	レーヘン **lehren** 教える	レふネン **lernen** 教わる	シェンケン **schenken** 贈る	シュピーレン **spielen** 遊ぶ
過去基本形	レーアテ **lehrte** lehrte	レふンテ **lernte** lernte	シェンクテ **schenkte** schenkte	シュピールテ **spielte** spielte
過去分詞	ゲレーアト **gelehrt** gelehrt	ゲレふント **gelernt** gelernt	ゲシェンクト **geschenkt** geschenkt	ゲシュピールト **gespielt** gespielt

不規則動詞

不定形	ゲーエン **gehen*** （歩いて）行く	ヘルフェン **helfen*** 手伝う	ビッテン **bitten*** 頼む	ファンゲン **fangen*** 捕まえる
過去基本形	ギン(グ) **ging** ging	ハルフ **half** half	バート **bat** bat	フィン(グ) **fing** fing
過去分詞	ゲガンゲン **gegangen** gegangen	ゲホルフェン **geholfen** geholfen	ゲベーテン **gebeten** gebeten	ゲファンゲン **gefangen** gefangen

聞いてみよう

音声ファイルを聞いて空欄を埋めてみましょう。規則動詞と不規則動詞が混じっています。

	意味	不定形	過去基本形	過去分詞
❶	キスする			ゲ㋖スト **gekűsst**
❷	与える	ゲーベン **geben***		
❸	できる	㋘ネン **können***		
❹	笑う	ラッヘン **lachen**		
❺	手伝う	ヘルフェン **helfen***		
❻	読む		ラース **las**	
❼	見る			ゲゼーエン **gesehen**
❽	洗う	ヴァッシェン **waschen***		
❾	知っている			ゲヴスト **gewusst**

❶ küssen（㋖ッセン）/ küsste（㋖ステ） ❷ gab（ガーブ）/ gegeben（ゲゲーベン） ❸ konnte（コンテ）/ gekonnt（ゲコント）
❹ lachte（ラハテ）/ gelacht（ゲラッハト） ❺ half（ハルフ）/ geholfen（ゲホルフェン） ❻ lesen（レーゼン）/ gelesen（ゲレーゼン） ❼ sehen（ゼーエン）/ sah（ザー）
❽ wusch（ヴーシュ）/ gewaschen（ゲヴァッシェン） ❾ wissen（ヴィッセン）/ wusste（ヴステ）

3-2 分離動詞と非分離動詞の過去分詞

前の項目では動詞の３基本形について学びました。
続いては分離動詞と非分離動詞の過去分詞の作り方を学んでいきます。

分離動詞の過去分詞

分離動詞は前つづりと基礎動詞を続け書きしたものですから、過去分詞も基礎動詞の過去分詞に前つづりを付けます。その結果，ge- が前つづりと基礎動詞の間に割り込んだように見えます。
英語で考えると、もし *get up* を続けて書いたとすると、×*getups* や×*getupping* にはならずに、*getsup*，*gettingup* のように３単現の *-s* や現在分詞の *-ing* が間に挟まることになるとイメージするとわかりやすいでしょう。

規則動詞 einkaufen（アインカオフェン）▶ eingekauft（アインゲカオフト）
買い物する

不規則動詞 ankommen（アンコメン）▶ angekommen（アンゲコメン）
到着する

非分離動詞の過去分詞

アクセントのない前つづりを持つ非分離動詞の過去分詞には ge- が付きません。
非分離動詞になるのは、非分離の前つづり：be-, emp-, ent-, er-, ge-, ver-, zer-; miss- がついた動詞、および分離・非分離の前つづり：durch-, hinter-, über-, um-, unter-, voll-, wider-, wieder- がついて非分離動詞になるケースです。

規則動詞 verkaufen（フェアカオフェン）▶ verkauft（フェアカオフト）
売る

不規則動詞 bekommen（ベコメン）▶ bekommen（ベコメン）
もらう

kaufen（カオフェン） > gekauft（ゲカオフト）, kommen（コメン） > gekommen（ゲコメン） にそれぞれ非分離の前つづり ver- と be- が付くことで、過去分詞に ge- が付かなくなります。bekommen は過去分詞が不定形と見た目上は同じ形になります。

発音してみよう

発音しながら、同時に過去分詞の作り方を確実に覚えていきましょう。

まずは規則動詞からです。

意味	不定形	過去分詞
開ける	アオフマッヘン aufmachen	アオフゲマハト aufgemacht
片づける	アオフほイメン aufräumen	アオフゲほイムト aufgeräumt
記入する	アオスフ㋑レン ausfüllen	アオスゲフ㋑ルト ausgefüllt
発見する	エントデッケン entdecken	エントデックト entdeckt

続いて不規則動詞（強変化動詞と混合変化動詞および haben（ハーベン））を確認します。

意味	不定形	過去分詞
始まる、始める	アンファンゲン anfangen*	アンゲファンゲン angefangen
開催される	シュタットフィンデン stattfinden*	シュタットゲフンデン stattgefunden
外出する	アオスゲーエン ausgehen*	アオスゲガンゲン ausgegangen
熟考する	ナーハデンケン nachdenken*	ナーハゲダハト nachgedacht
予定する	フォーアハーベン vorhaben*	フォーアゲハープト vorgehabt
教育する	エアツィーエン erziehen*	エアツォーゲン erzogen
忘れる	フェアゲッセン vergessen*	フェアゲッセン vergessen

書いてみよう

実際に書いてみることで分離動詞と非分離動詞の過去分詞を身につけましょう。７つある非分離前つづり（be-, emp-, ent-, er-, ge-, ver-, zer-）は覚えてしまいましょう。

✻ 規則動詞

意味	不定形	過去分詞
回す	ウムドゥヘーエン **umdrehen** umdrehen	ウムゲドゥヘート **umgedreht** umgedreht
前で演奏する	フォーアシュピーレン **vorspielen** vorspielen	フォーアゲシュピールト **vorgespielt** vorgespielt
注文する	ベシュテレン **bestellen** bestellen	ベシュテルト **bestellt** bestellt

✻ 不規則動詞

意味	不定形	過去分詞
テレビを見る	フェふンゼーエン **fernsehen*** fernsehen	フェふンゲゼーエン **ferngesehen** ferngesehen
起きる	アオフシュテーエン **aufstehen*** aufstehen	アオフゲシュタンデン **aufgestanden** aufgestanden
理解する	フェアシュテーエン **verstehen*** verstehen	フェアシュタンデン **verstanden** verstanden
発明する	エアフィンデン **erfinden*** erfinden	エアフンデン **erfunden** erfunden

聞いてみよう

DL 3_04

音声ファイルを聞いて空欄を埋めてみましょう。規則動詞と不規則動詞、分離動詞と非分離動詞が混じっています。

	意味	不定形	過去分詞
❶	消す	アオスマッヘン **ausmachen**	
❷	約束する	フェアシュプヘッヒェン **versprechen***	
❸	説明する	エアクレーヘン **erklären**	
❹	終わる / やめる	アオフ㊀ーヘン **aufhören**	
❺	持っていく	ミットネーメン **mitnehmen***	
❻	割る	ツェアブヘッヒェン **zerbrechen***	
❼	発車する	アップファーヘン **abfahren***	
❽	発展させる	エントヴィッケルン **entwickeln**	

-ieren 動詞の 3 基本形

語末の -ieren にアクセントのある外来系の動詞は過去分詞に ge- が付きません。

不定形 シュトゥディーヘン **studieren** 大学で学ぶ，専攻する

過去基本形 シュトゥデーアテ **studierte** -ieren 動詞はすべて規則動詞

過去分詞 シュトゥディーアト **studiert** 過去分詞は ge- が付かない

答え
❶ アオスゲマハト ausgemacht ❷ フェアシュプほッヘン versprochen ❸ エアクレーアト erklärt ❹ アオフゲ㊀ーアト aufgehört
❺ ミットゲノメン mitgenommen ❻ ツェアブほッヘン zerbrochen ❼ アップゲファーヘン abgefahren ❽ エントヴィッケルト entwickelt

3章 ステップアップドイツ語文法

3-3 現在完了

これまで過去分詞を学んできましたが、この形は現在完了で使われます。
ドイツ語では過去のできごとを言うのに現在完了を用います。

Ich（イヒ）	habe（ハーベ）	mit Hans（ミット ハンス）	Deutsch（ドイチュ）	gelernt.（ゲレふント）
主語	助動詞（定形）	副詞句（前置詞＋名詞）	目的語	動詞（過去分詞）

私は　ハンスと　ドイツ語を　勉強しました。

文法ポイント 現在完了

ドイツ語の話しことばでは過去の出来事を表すのに現在完了を用います。過去形は基本的に小説や新聞など書きことばで用いられる時制です。日常的な手紙のやり取りなどでも現在完了を使います。
現在完了は完了の助動詞 haben（ハーベン）、あるいは sein（ザイン） ＋過去分詞で作ります。上の例文では habe（ハーベ） と gelernt（ゲレふント） により現在完了を表しており、gelernt haben（ゲレふント ハーベン）「勉強した」の haben（ハーベン） が定形になって、前から２番目に位置します。

Ich habe gestern ein Buch gekauft.（イヒ ハーベ ゲスターン アイン ブーフ ゲカオフト）
私は昨日一冊の本を買いました。

Ich bin am Sonntag nach Salzburg gefahren.（イヒ ビン アム ゾンターク ナーハ ザルツブふク ゲファーヘン）
私は日曜日にザルツブルクに行きました。

✻ haben（ハーベン）支配（sein（ザイン）支配以外）

sein（ザイン） 支配の動詞の方が限定的ですので，それ以外が haben（ハーベン） 支配と考えるのが得策です。他動詞は原則すべて haben（ハーベン） 支配です。

✻ sein（ザイン）支配（自動詞の一部の動詞）

自動詞のうち、位置や状態の変化にかかわるものが sein（ザイン） 支配になります。

Ich bin in die Stadt gefahren.（イヒ ビン イン ディ シュタット ゲファーヘン） ▶ **Ich bin in der Stadt.**（イヒ ビン イン デア シュタット）
私は町に行きました。　私は町にいます。

上の例文のように結果の状態が sein（ザイン）（*be* 動詞）で言えるものが sein（ザイン） 支配です。

自動詞、他動詞、目的語

ドイツ語では英語の目的格にあたる格が3格と4格の2つに分かれます。

Ich gebe meinem Freund einen Kugelschreiber.
（イヒ ゲーベ マイネム フほイント アイネン クーゲルシュはイバー）

私は友だちに（3格）ボールペンを（4格）あげる。

geben（ゲーベン）「与える」は3格目的語と4格目的語をとる動詞ということになります。
一方、danken（ダンケン）「感謝する」は目的語が3格のみになります。

Ich danke meinem Freund für die Hilfe.
（イヒ ダンケ マイネム フほイント フ㋐ア ディ ヒルフェ）

私は友だちに（3格）助けてもらって感謝する。

英語では目的語があれば他動詞ですが、ドイツ語では4格目的語をとる動詞のみを他動詞と呼び、その他は自動詞になります。つまり、danken（ダンケン）は目的語をとりますが自動詞に分類されるということです。

発音してみよう

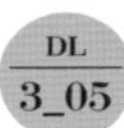

現在完了を使った文章を声に出して言ってみましょう。

Ich lerne mit Sabine Deutsch.
（イヒ レふネ ミット ザビーネ ドイチュ）
私はザビーネとドイツ語を勉強します。

▶ **Ich habe mit Sabine Deutsch gelernt.**
（イヒ ハーベ ミット ザビーネ ドイチュ ゲレふント）

私はザビーネとドイツ語を勉強しました。

Peter trinkt Tee.
（ペーター トひンクト テー）
ペーターはお茶を飲みます。

▶ **Peter hat Tee getrunken.**
（ペーター ハット テー ゲトふンケン）

ペーターはお茶を飲みました。

Ich gehe um elf ins Bett.
（イヒ ゲーエ ウム エルフ インス ベット）
私は11時に寝ます。

▶ **Ich bin um elf ins Bett gegangen.**
（イヒ ビン ウム エルフ インス ベット ゲガンゲン）

私は11時に寝ました。

実際に書いてみることで文の形を覚えましょう。

イヒ　シュピーレ　アム　ザムスターク　テニス
❶ **Ich spiele am Samstag Tennis.**
私は土曜日にテニスをします。

Ich spiele am Samstag Tennis.

イヒ　ハーベ　アム　ザムスターク　テニス　ゲシュピールト
▶ **Ich habe am Samstag Tennis gespielt.**
私は土曜日にテニスをしました。

Ich habe am Samstag Tennis gespielt.

エア　フリークト　イン　ディ　ウーエスアー
❷ **Er fliegt in die USA.**
彼はアメリカへ飛行機で行く。

Er fliegt in die USA.

エア　イスト　イン　ディー　ウーエスアー　ゲフローゲン
▶ **Er ist in die USA geflogen.**
彼はアメリカに飛行機で行きました。

Er ist in die USA geflogen.

音声ファイルを聞いて、与えられた動詞を現在完了形にしてみましょう。

シュはイベン
❶ ■ **schreiben** 書く

マイン　フほイント　ミア　アイネン　ブひーフ
Mein Freund ________ mir einen Brief ____________.
友人は私に手紙を書きました。

ヴァンダーン
❷ ■ **wandern** 歩き回る

ダス　メートヒェン　ドゥふヒ　デン　ヴァルト
Das Mädchen ________ durch den Wald ____________.
その少女は森をハイキングしました。　▸デア ヴァルト **der Wald**：森

ハット　ゲシュひーベン　イスト　ゲヴァンダート
❶ hat / geschrieben　❷ ist / gewandert

練習してみよう

例にならって質問に「昨日は … しました。」と答えてみましょう。助動詞に haben を使うか sein を使うか、動詞は規則動詞か不規則動詞か、よく考えて答えてください。

例） ■ **Tennis spielen** テニスをする

Gestern habe ich Tennis gespielt.

昨日、私はテニスをしました。

❶ ■ **Musik hören** 音楽を聴く

Gestern __________ ich Musik ______________.

昨日、私は音楽を聴きました。

❷ ■ **Obst und Gemüse kaufen** 果物と野菜を買う

Gestern ________ ich Obst und Gemüse ___________.

昨日、私は果物と野菜を買いました。 ▸**das Gemüse**：野菜

❸ ■ **nach Osaka fahren** 大阪に行く

Gestern ________ ich ______ _________ ___________.

昨日、私は大阪に行きました。

❹ ■ **mit Thomas Wein trinken** トーマスとワインを飲む

Gestern _____ ich ______ ______ ______ ___________.

昨日、私はトーマスとワインを飲みました。

答え ❶ habe / gehört ❷ habe / gekauft ❸ bin / nach Osaka gefahren
❹ habe / mit Thomas Wein getrunken

3-4 分離動詞と非分離動詞の現在完了

現在完了の基本を学びました。
続いては前つづりのついた動詞の現在完了を学んでいきます。

イヒ **Ich** 主語	ハーベ **habe** 助動詞	イム　ズーパーマふクト **im Supermarkt** 場所の副詞句（〔前置詞 + 定冠詞〕+ 名詞）	アインゲカウフト **eingekauft.** 動詞（過去分詞）

私は　スーパー（の中）で　買い物をしました

現在完了

分離動詞と非分離動詞を使った現在完了を学ぶにあたって、まずは過去分詞の作り方を復習しましょう（P.122）。

動詞の形	規則動詞	分離動詞の場合	非分離動詞の場合
不定形	カオフェン **kaufen** 買う	アインカオフェン **einkaufen** 買い物する	フェアカオフェン **verkaufen** 売る
過去分詞	ゲカオフト **gekauft**	アインゲカオフト **eingekauft**	フェアカオフト **verkauft**

＊ポイント

・分離動詞の過去分詞　：ge- が前つづりと基礎動詞部分の間に入る
　前つづり + ge + 基礎動詞部分
・非分離動詞の過去分詞：ge- がつかない。
　前つづり + 基礎動詞部分

発音してみよう

それでは、実際の文章を見ながら前つづりのついた動詞を使った現在完了の文を発音してみましょう。

✻ 分離動詞の場合

イヒ カオフェ イム ズーパーマふクト アイン
Ich kaufe im Supermarkt ein.

私はスーパーで買い物をします。

▶ イヒ ハーベ イム ズーパーマふクト アインゲカオフト
Ich habe im Supermarkt eingekauft.

私はスーパーで買い物をしました。

マイネ シュヴェスター はイスト ナーハ オイほーパ アップ
Meine Schwester reist nach Europa ab.

私の姉はヨーロッパへ旅立ちます。 ▸**abreisen**（アップはイゼン）：旅立つ

▶ マイネ シュヴェスター イスト ナーハ オイほーパ アップゲはイスト
Meine Schwester ist nach Europa abgereist.

私の姉はヨーロッパに旅立ちました。

✻ 非分離動詞の場合

マイン フほイント フェアカオフト ザイン ファーふはート
Mein Freund verkauft sein Fahrrad.

私の友だちは自転車を売ります。

▶ マイン フほイント ハット ザイン ファーふはート フェアカオフト
Mein Freund hat sein Fahrrad verkauft.

私の友だちは自転車を売りました。

ヴィア フェアシュテーエン ディ フはオ ニヒト
Wir verstehen die Frau nicht.

私たちはその女性の言うことがわかりません。

▶ ヴィア ハーベン ディ フはオ ニヒト フェアシュタンデン
Wir haben die Frau nicht verstanden.

私たちはその女性の言うことがわかりませんでした。

書いてみよう

実際に書いてみることで文の形を覚えましょう。

❶ ヴィア　マッヘン　ディ　ヘンディス　アオス
Wir machen die Handys aus.
Wir machen die Handys aus.
私たちは携帯の電源を切ります。

▶ ヴィア　ハーベン　ディ　ヘンディス　アオスゲマッハト
Wir haben die Handys ausgemacht.
私たちは携帯の電源を切りました。
Wir haben die Handys ausgemacht.

❷ デア　フォーアトゥはーク　フェングト　ウム　アハツェーンウーア　アン
Der Vortrag fängt um 18 Uhr an.
Der Vortrag fängt um 18 Uhr an.
講演は 18 時に始まります。 ▶デア フォーアトゥはーク **der Vortrag**：講演

▶ デア　フォーアトゥはーク　ハット　ウム　アハツェーンウーア　アンゲファンゲン
Der Vortrag hat um 18 Uhr angefangen.
講演は 18 時に始まりました。
Der Vortrag hat um 18 Uhr angefangen.

❸ ズィー　フェアギスト　イーヘン　シふム　イム　ブス
Sie vergisst ihren Schirm im Bus.
Sie vergisst ihren Schirm im Bus.
彼女は傘をバスの中に忘れます。

▶ ズィー　ハット　イーヘン　シふム　イム　ブス　フェアゲッセン
Sie hat ihren Schirm im Bus vergessen.
彼女は傘をバスの中に忘れました。
Sie hat ihren Schirm im Bus vergessen.

聞いてみよう

DL 3_08

音声ファイルを聞いて ______ にあてはまる助動詞と動詞の過去分詞を書き込んでみましょう。

❶ マイン　ファーター　シュテート　ゼーア　フ(ʀ)ュー　アオフ
Mein Vater steht sehr früh auf. 私の父はとても早く起きます。

▶ マイン　ファーター　ゼーア　フ(ʀ)ュー
Mein Vater __________ sehr früh ________________.
私の父はとても早く起きました。

❷ イヒ　ベシュテレ　ダス　ブーフ　ぺふ　インターネット
Ich bestelle das Buch per Internet. 私はその本をインターネットで注文します。

▶ イヒ　ダス　ブーフ　ぺふ　インターネット
Ich __________ das Buch per Internet ________________.
私はその本をインターネットで注文しました。

答え　❶ イスト ist / アオフゲシュタンデン aufgestanden　❷ ハーベ habe / ベシュテルト bestellt

練習してみよう

与えられた動詞を過去分詞に変えて、現在完了の文章をつくってみましょう。

❶ ■ankommen（アンコメン） 到着する

Die（ディ） Studenten（シュトゥデンテン） sind（ズィント） rechtzeitig（ヘッヒトツァイティヒ） in（イン） München（ミンヒェン） ____________.

学生たちは時間通りにミュンヘンに到着しました。 ▸rechtzeitig（ヘッヒトツァイティヒ）：時間に遅れない

❷ ■besuchen（ベズーヘン） 訪れる

Ich（イヒ） habe（ハーベ） letztes（レッツテス） Jahr（ヤーふ） die（ディ） Stadt（シュタット） ________________.

私は去年その町を訪れました。

STEP UP!

例を参考に与えられた語を使って質問に答えてみましょう。

Was（ヴァス） haben（ハーベン） Sie（ズィー） letzte（レッツテ） Woche（ヴォッヘ） gemacht（ゲマッハト）? 先週何をしましたか？

例） die（ディ） Wohnung（ヴォーヌン(グ)） aufräumen（アオフほイメン） 家を片づける

▶ Am（アム） Montag（モーンターク） habe（ハーベ） ich（イヒ） die（ディ） Wohnung（ヴォーヌン(グ)） aufgeräumt（アオフゲほイムト）.

月曜日に家を片付けました。

① meine（マイネ） Tochter（トホター） anrufen（アンふーフェン）

娘に電話をかける

▶ Am（アム） Dienstag（ディーンスターク） ______ ich（イヒ） ______________________________.

火曜日に娘に電話をかけました。

② im（イム） Kino（キーノ） einen（アイネン） Film（フィルム） sehen（ゼーエン）

映画館で映画を見る

▶ Am（アム） Mittwoch（ミットヴォッホ） ______ ich（イヒ） ______________________________.

水曜日に映画館で映画を見ました。

答え
❶ angekommen（アンゲコメン） ❷ besucht（ベズーフト） ① habe（ハーベ） / meine（マイネ） Tochter（トホター） angerufen（アンゲふーフェン）
② habe（ハーベ） / im（イム） Kino（キーノ） einen（アイネン） Film（フィルム） gesehen（ゲゼーエン）

3-5 sein と haben の過去基本形

これまで、過去の時制には現在完了を使うと説明してきました。
しかしながら、主に過去形が使われる動詞もあるので注意しましょう。

Am Samstag（アム ザムスターク）**war**（ヴァーふ）**ich**（イヒ）**im Kino.**（イム キーノ）

時間の副詞句 / 動詞 / 主語 / 場所の副詞句

土曜日に 私は 映画館に いました。

文法ポイント 過去形で用いる動詞

ドイツ語では過去のことを言う際には基本的に現在完了が用いられますが、sein（ザイン）と haben（ハーベン）や話法の助動詞（P.146）は基本的に過去形が用いられます。例文の war（ヴァーふ）は sein（ザイン）の過去形です。

まずは、sein（ザイン）と haben（ハーベン）の過去基本形（過去形）と過去分詞を確認しましょう。

不定形	sein（ザイン）	haben（ハーベン）
過去基本形	war（ヴァーふ）	hatte（ハッテ）
過去分詞	gewesen（ゲヴェーゼン）	gehabt（ゲハープト）

文法ポイント war と hatte の人称変化

ドイツ語は英語と違い過去形にも人称変化があります。過去人称変化は 1 人称単数（ich（イヒ））と 3 人称単数（er/es/sie（エア エス ズィー））の定形が同じになります。2 人称に Sie（ズィー）を使う場合では変化形は 2 つのみです。

✻過去基本形：war（ヴァーふ）

	単数	複数
1人称	war（ヴァーふ）	waren（ヴァーヘン）
2人称（Sie（ズィー））	waren（ヴァーヘン）	waren（ヴァーヘン）
3人称	war（ヴァーふ）	waren（ヴァーヘン）

※ du,ihr（ドゥー イア）に対しては warst（ヴァーふスト）（単数）、wart（ヴァーふト）（複数）

✻過去基本形：hatte（ハッテ）

	単数	複数
1人称	hatte（ハッテ）	hatten（ハッテン）
2人称（Sie（ズィー））	hatten（ハッテン）	hatten（ハッテン）
3人称	hatte（ハッテ）	hatten（ハッテン）

※ du,ihr（ドゥー イア）に対しては hattest（ハッテスト）（単数）、hattet（ハッテット）（複数）

sein（ザイン）と haben（ハーベン）の過去形を使った文章を声に出して読んでみましょう。

ヴォー ヴァーヘン ズィー アム ザムスターク
Wo waren Sie am Samstag?

土曜日はどこにいましたか？

アム ザムスターク ヴァーふ イヒ イム キーノ
– Am Samstag war ich im Kino.

ダー ハーベ イヒ アイネン ヤパーニッシェン フィルム ゲゼーエン
Da habe ich einen japanischen Film gesehen.

土曜日に私は映画館にいました。そこで日本映画を見ました。

ハーベン ズィー ドふト ダス シュロス ベズィヒティヒト
Haben Sie dort das Schloss besichtigt?

そこではお城を見学しましたか？ ▸**dort**（ドふト）：そこで ▸**das Schloss**（ダス シュロス）：城、宮殿 ▸**besichtigen**（ベズィヒティゲン）：見学する

ナイン ダー ハッテ イヒ カイネ ツァイト
– Nein. Da hatte ich keine Zeit.

いいえ。私には時間がなかったのでしませんでした。

ハーベン ズィー ディ アオスシュテルン(グ) ゲゼーエン
Haben Sie die Ausstellung gesehen?

展覧会を見ましたか？ ▸**die Ausstellung**（ディ アオスシュテルン(グ)）：展覧会

ナイン ダー ハッテ イヒ カイネ ルスト
– Nein. Da hatte ich keine Lust.

いいえ。私にはその気がなかったので見ませんでした。

書いてみよう

実際に書いてみることで文の形を覚えましょう。

ヴォー　ヴァーヘン　ズィー　アム　ザムスターク
❶ **Wo waren Sie am Samstag?**

土曜日はどこにいましたか？

Wo waren Sie am Samstag?

アム　ザムスターク　ヴァーふ　イヒ　アム　フルークハーフェン　ダー　ハーベ　イヒ　マイネン　ゾーン　アップゲホールト
– Am Samstag war ich am Flughafen. Da habe ich meinen Sohn abgeholt.

土曜日に私は空港にいました。そこに息子を迎えに行きました。

デア　フルークハーフェン　アップホーレン
▸**der Flughafen**：空港　▸**abholen**：迎えに行く

Am Samstag war ich am Flughafen. Da habe ich meinen Sohn abgeholt.

ハーベン　ズィー　ディ　はートトゥーア　ミットゲマッハト
❷ **Haben Sie die Radtour mitgemacht?**

ディ　はートトゥーア　ミットマッヘン
サイクリングに参加しましたか？　▸**die Radtour**：サイクリング　▸**mitmachen**：参加する

Haben Sie die Radtour mitgemacht?

ナイン　ダー　ハッテ　イヒ　カイン　ファーふはート
– Nein. Da hatte ich kein Fahrrad.

いいえ。私には自転車がなかったので（参加しませんでした）。

Nein. Da hatte ich kein Fahrrad.

聞いてみよう

音声ファイルを聞いて ＿＿＿＿ にあてはまる動詞、助動詞を書きましょう。

アム　ザムスターク　イヒ　イン　デア　ビブリオテーク
❶ **Am Samstag ＿＿＿＿ ich in der Bibliothek.**

ダー　イヒ　アイネン　べひヒト
Da ＿＿＿＿ ich einen Bericht ＿＿＿＿＿＿.

土曜日に私は図書館にいました。そこでレポートを書きました。

ディ　ビブリオテーク　デア　べひヒト
▸**die Bibliothek**：図書館　▸**der Bericht**：レポート

ズィー　ゲスターン　インス　コンツェふト
❷ **＿＿＿＿ Sie gestern ins Konzert ＿＿＿＿＿＿?**

昨日コンサートに行きましたか？

ナイン　ダー　イヒ　ツァーンシュメふツェン
– Nein. Da ＿＿＿＿ ich Zahnschmerzen.

いいえ。歯が痛かったので（行きませんでした）。

ツァーンシュメふツェン　デア　ツァーンシュメふツ
▸**Zahnschmerzen**：**der Zahnschmerz**（歯痛）の複数形

ヴァーふ　ハーベ　ゲシュひーベン　ズィント　ゲガンゲン　ハッテ
答え　❶ war / habe / geschrieben　❷ Sind / gegangen / hatte

練習してみよう

与えられた語を使って、質問に答えてみましょう。

ヴォー　ヴァーヘン　ズィー　アム　ザムスターク
❶ Wo waren Sie am Samstag? 土曜日はどこにいましたか？

マイネン　フほイント　ベズーヘン
■ **meinen Freund besuchen** 友だちを訪ねる

アム　ザムスターク　イヒ　イン　ナゴヤ
– **Am Samstag ________ ich in Nagoya.**

ダー　イヒ　マイネン　フほイント
Da ________ ich meinen Freund ______________.

土曜日に私は名古屋にいました。そこで友だちを訪ねました。

ズィント　ズィー　アオホ　ナーハ　㋓ースタはイヒ　ゲはイスト
❷ Sind Sie auch nach Österreich gereist? あなたたちもオーストリアへ旅行しましたか？

カイン　ゲルト　ハーベン
■ **kein Geld haben** お金がない

ナイン　ダフ㋑ア　ヴィア　カイン　ゲルト
– **Nein. Dafür __________ wir kein Geld.**

いいえ。そのためには私たちにはお金がありませんでした。

STEP UP!

ザイン　ハーベン
sein と haben のほか、状態を表す動詞なども過去形でよく使われます。以下の文を過去形の文に書き換えてみましょう。

エス　ギーブト　イン　デア　シュタット　カイン　テアーター
① **Es gibt in der Stadt kein Theater.** 町に劇場がない。

ダーマルス　エス　イン　デア　シュタット　カイン　テアーター
▶ **Damals __________ es in der Stadt kein Theater.**

当時、町に劇場はありませんでした。　▸**damals**（ダーマルス）：当時

フォーア　デム　ハオス　シュテート　アイン　アオト
② **Vor dem Haus steht ein Auto.** 家の前に１台の車が止まっている。

ゲスターン　アイン　アオト　フォア　デム　ハオス
▶ **Gestern __________ ein Auto vor dem Haus.**

昨日、１台の車が家の前に止まっていました。

過去形と現在完了の違い

ドイツ語では過去の出来事を言うのに過去形と現在完了のどちらも使うことができます。過去形は「物語の時制」、現在完了は「報告の時制」と言われ、日常のやり取りではもっぱら現在完了が用いられます。一方、小説などの文章ではすべて過去形です。

答え　❶ war（ヴァーふ） / habe（ハーベ） / besucht（ベズーフト）　❷ hatten（ハッテン）　① gab（ガーブ）　② stand（シュタント）

3-6

形容詞と格表示

この項目では形容詞を学びます。
ドイツ語の形容詞は格変化をします。

ダス Das	イスト ist	デア der	グほーセ große	ティッシュ Tisch.
主語	動詞	定冠詞	形容詞	名詞

これが　その　大きい　机　です。

文法ポイント 形容詞の使い方

ドイツ語の形容詞には、付加語的用法・述語的用法・副詞的用法があります。
例文は「groß（グほース）」（大きい）が「Tisch（ティッシュ）」（机）を修飾する付加語的用法です。

付加語的用法 アイン グーター ゼンガー **ein guter Sänger** うまい歌手（名詞を修飾）

述語的用法 デア ゼンガー イスト グート **Der Sänger ist gut.** その歌手はうまい（述語になる）

副詞的用法 エア ズィングト グート **Er singt gut.** 彼は上手に歌う（形容詞をそのまま副詞的に使うことができる）

文法ポイント 形容詞の格変化

形容詞は名詞を修飾する場合（付加語的用法）には語尾が付きます。ほかの要素が格表示をしていれば形容詞自身は単数1格（中性・女性は4格も）のみ -e で、その他の格では -en となる変化（弱変化）をします。ほかに格表示する語がない場合は形容詞自らが格表示をします（強変化）。

✻弱変化（gut（グート）の場合）　定冠詞が格を表示している

	男性	中性	女性	複数
1格	デア グーテ der gute	ダス グーテ das gute	ディ グーテ die gute	ディ グーテン die guten
4格	デン グーテン den guten	ダス グーテ das gute	ディ グーテ die gute	ディ グーテン die guten
3格	デム グーテン dem guten	デム グーテン dem guten	デア グーテン der guten	デン グーテン den guten
2格	デス グーテン des guten	デス グーテン des guten	デア グーテン der guten	デア グーテン der guten

mein（マイン）型の冠詞類の場合、格表示のない（語尾に何も付かない）男性１格、中性１・４格は強変化となり、その他の格語尾が付くところでは弱変化となります。

	男性	中性
１格	mein（マイン） guter（グーター）	mein（マイン） gutes（グーテス）
４格	meinen（マイネン） guten（グーテン）	mein（マイン） gutes（グーテス）

✻ 強変化（gut（グート）の場合）

	男性	中性	女性	複数
１格	guter（グーター）	gutes（グーテス）	gute（グーテ）	gute（グーテ）
４格	guten（グーテン）	gutes（グーテス）	gute（グーテ）	gute（グーテ）
３格	gutem（グーテム）	gutem（グーテム）	guter（グーター）	guten（グーテン）
２格	guten（グーテン）	guten（グーテン）	guter（グーター）	guter（グーター）

男性・中性の２格は
名詞に -[e]s が付くから
形容詞は弱変化だよ

発音してみよう

形容詞の変化を実際の文章の中で確認してみましょう。

● １格の弱変化

Das（ダス） ist（イスト） der（デア） große（グほーセ） Tisch（ティッシュ）.

これがその大きい机です。　▸groß（グほース）：大きい

● １格の強変化

Das（ダス） ist（イスト） ein（アイン） großer（グほーサー） Tisch（ティッシュ）.

これは大きい机です。

● ４格の弱変化

Ich（イヒ） kaufe（カオフェ） den（デン） großen（グほーセン） Tisch（ティッシュ）.

私はその大きい机を買います。

● ４格の弱変化

Ich（イヒ） kaufe（カオフェ） einen（アイネン） großen（グほーセン） Tisch（ティッシュ）.

私は大きい机を買います。

なぞって書くことで文の形を覚えます。

❶ ダス ブーフ イスト インテヘサント
Das Buch ist interessant.
その本はおもしろいです。 ▸**interessant**（インテヘサント）：おもしろい

Das Buch ist interessant.

❷ ダス イスト ダス インテヘサンテ ブーフ
Das ist das interessante Buch.
これがその面白い本です。

Das ist das interessante Buch.

❸ ダス イスト アイン インテヘサンテス ブーフ
Das ist ein interessantes Buch.
これは面白い本です。

Das ist ein interessantes Buch.

DL 3_12

音声ファイルを聞いて ＿＿＿ にあてはまる形容詞の変化を書きましょう。

ダス クライト イスト シ㋓ーン
Das Kleid ist schön.
そのワンピースはきれいだ。 ▸**das Kleid**（ダス クライト）：ワンピース ▸**schön**（シ㋓ーン）：美しい

❶ イヒ プほビーへ ダス クライト アン
Ich probiere das ＿＿＿＿＿＿ Kleid an.
私はそのきれいなワンピースを試着します。 ▸**anprobieren**（アンプほビーヘン）：試着する

❷ イヒ プほビーへ アイン クライト アン
Ich probiere ein ＿＿＿＿＿＿ Kleid an.
私はきれいなワンピースを試着します。

❶ schöne（シ㋓ーネ） ❷ schönes（シ㋓ーネス）

練習してみよう

強変化と弱変化に注意して形容詞を変化させてみましょう。

❶ ディ ㊌ッヒェ イスト ヘル
Die Küche ist hell.
キッチンは明るい。 ▸ヘル **hell**：明るい

ダス イスト ディ ㊌ッヒェ
Das ist die ＿＿＿＿＿＿ Küche.
これがその明るいキッチンです。

ダス イスト アイネ ㊌ッヒェ
Das ist eine ＿＿＿＿＿＿ Küche.
これは明るいキッチンです。

❷ デア フィルム イスト ラングヴァイリヒ
Der Film ist langweilig.
その映画は退屈だ。 ▸ラングヴァイリヒ **langweilig**：退屈な

ダス イスト デア フィルム
Das ist der ＿＿＿＿＿＿＿＿ Film.
これがその退屈な映画です。

ダス イスト アイン フィルム
Das ist ein ＿＿＿＿＿＿＿＿ Film.
これは退屈な映画です。

❸ ディ シューエ ズィント シック
Die Schuhe sind schick.
そのくつはシックだ。 ▸ディ シューエ **die Schuhe**：くつ

イヒ トはーゲ ディ シューエ
Ich trage die ＿＿＿＿＿＿＿ Schuhe.
私はそのシックなくつをはいています。

イヒ トはーゲ シューエ
Ich trage ＿＿＿＿＿＿＿ Schuhe.
私はシックなくつをはいています。

❹ ダス メートヒェン イスト クライン
Das Mädchen ist klein.
その少女は小さい。 ▸クライン **klein**：小さな

イヒ シュピーレ ミット デム メートヒェン
Ich spiele mit dem ＿＿＿＿＿＿ Mädchen.
私はその小さい少女と一緒に遊ぶ。

イヒ シュピーレ ミット アイネム メートヒェン
Ich spiele mit einem ＿＿＿＿＿＿ Mädchen.
私は小さい少女と一緒に遊ぶ。

答え

❶ ヘレ ヘレ helle / helle ❷ ラングヴァイリゲ ラングヴァイリガー langweilige / langweiliger ❸ シッケン シッケ schicken / schicke
❹ クライネン クライネン kleinen / kleinen

3-7 冠詞類の独立用法と形容詞の名詞化

ドイツ語では名詞を省略して冠詞類を単独で使うことができます。
また、形容詞は名詞としての働きをすることがあるので覚えておきましょう。

デア **Der** 定冠詞	クライネ **kleine** 形容詞	テラー **[Teller]** （名詞）	ゲフェルト **gefällt** 動詞	ミア **mir** 目的語	グート **gut.** 形容詞

その　小さいの　（皿）　は　とても　私に　気にいっています。

文法ポイント 冠詞類の独立用法

ドイツ語では文の構造が示せれば既知の名詞は省略できます。上の例文では「Teller（テラー）」を省略しています。
それでは、次のやり取りで最後の A の発話において下線部の名詞を省略するとどうなるでしょう？答えは a か b か？格表示の有無に気を付けて考えてみてください。

ハーベン　ズィー　アイネン　シふム
A：Haben Sie einen Schirm?
傘を持っていますか？　▶der Schirm（デア シふム）：傘

ナイン　イヒ　ハーベ　カイネン
B：Nein, ich habe keinen.
いいえ、持っていません。

ヒーア　イスト　アイン　シふム　デン　シふム　ケネン　ズィー　ネーメン
A：Hier ist ein <u>Schirm</u>. Den <u>Schirm</u> können Sie nehmen.
ここに 1 本あります。これをお持ちなさい。　▶können（ケネン）：～できる（助動詞）

ヒーア　イスト　アイン　デン　ケネン　ズィー　ネーメン
ⓐ **Hier ist ein. Den können Sie nehmen.**

ヒーア　イスト　アイナー　デン　ケネン　ズィー　ネーメン
ⓑ **Hier ist einer. Den können Sie nehmen.**

解説：
不定冠詞 ein は男性の 1 格で格表示語尾が付きません。そこで名詞がなくなると構文を支えるために格表示語尾が現れます（強変化：P.139）。

正解：ⓑ

発音してみよう

名詞の省略が行われる文章を声に出して確認してみましょう。

Welchen Teller möchten Sie, den großen Teller oder den kleinen Teller?
（ヴェルヒェン テラー メヒテン ズィー デン グローセン テラー オーダー デン クライネン テラー）

どちらの皿がいいですか？大きいのですか？小さいのですか？

– **Der kleine Teller gefällt mir gut. Den Teller nehme ich.**
（デア クライネ テラー ゲフェルト ミア グート デーン テラー ネーメ イヒ）

小さいのが気に入りました。それをください。

わかっている Teller（皿）は繰り返しません。英語なら名詞要素 *one* などが必要ですが、格表示システムのあるドイツ語では格が示されていれば（構文がわかれば）わかっている名詞は言わなくてかまいません。

書いてみよう

なぞって書くことで文の形を覚えます。

❶ **Haben Sie ein Auto?**
（ハーベン ズィー アイン アオト）

車をお持ちですか？

Haben Sie ein Auto?

– **Ja, ich habe eins.**
（ヤー イヒ ハーベ アインス）

ええ，持っています。

Ja, ich habe eins.

– **Nein, ich habe keins.**
（ナイン イヒ ハーベ カインス）

いいえ，持っていません。

Nein, ich habe keins.

中性の場合は格語尾のつかない1・4格で語尾が現れます。ふつう e が落ちて eins（アインス），keins（カインス），meins（マインス）などとなります。

形容詞の名詞化

名詞の省略を一歩進めると形容詞の名詞化という現象になります。名詞を省略して形容詞を大文字書きすることで、人や物を表します。形容詞の名詞化では自然性に基づいて男性は男性名詞、事物は中性名詞、女性は女性名詞になります。

bekannt（ベカント） 知っている ▶ **der**（デア） **Bekannte**（ベカンテ）**/ein**（アイン） **Bekannter**（ベカンター） 知り合い（男）

erwachsen（エアヴァクセン） 大人の ▶ **die**（ディー）**/eine**（アイネ） **Erwachsene**（エアヴァクセネ） 大人（女）

schön（シ㋓ーン） 美しい ▶ **das**（ダス） **Schöne**（シ㋓ーネ） 美、美点

best（ベスト） 最もよい ▶ **das**（ダス） **Beste**（ベステ） 最良のこと

形容詞の名詞化は、名詞を取り去って形容詞を大文字書きにしただけですので、語尾は形容詞の変化語尾そのままです。

	男性「知り合い（男）」	女性「知り合い（女）」	複数「知り合いたち」
1格	**der**（デア） **Bekannte**（ベカンテ）/ **ein**（アイン） **Bekannter**（ベカンター）	**die**（ディ）/**eine**（アイネ） **Bekannte**（ベカンテ）	**die**（ディ） **Bekannten**（ベカンテン）/ **Bekannte**（ベカンテ）
4格	**den**（デン）/**einen**（アイネン） **Bekannten**（ベカンテン）	**die**（ディ）/**eine**（アイネ） **Bekannte**（ベカンテ）	**die**（ディ） **Bekannten**（ベカンテン）/ **Bekannte**（ベカンテ）
3格	**dem**（デム）/**einem**（アイネム） **Bekannten**（ベカンテン）	**der**（デア）/**einer**（アイナー） **Bekannten**（ベカンテン）	**den**（デン） **Bekannten**（ベカンテン）/ **Bekannten**（ベカンテン）
2格	**des**（デス）/**eines**（アイネス） **Bekannten**（ベカンテン）	**der**（デア）/**einer**（アイナー） **Bekannten**（ベカンテン）	**der**（デア） **Bekannten**（ベカンテン）/ **Bekannter**（ベカンター）

練習してみよう

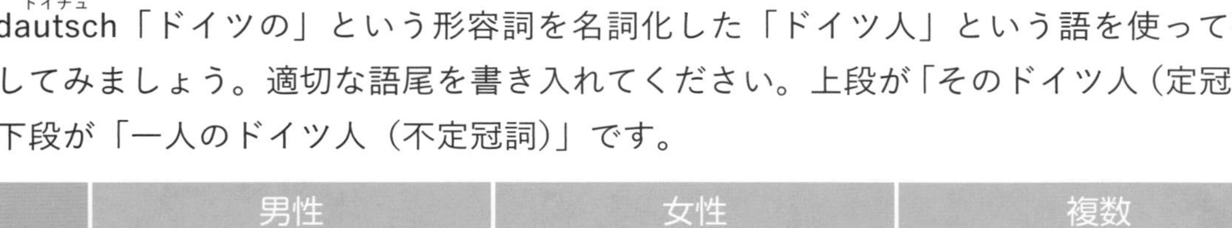

dautsch（ドイチュ）「ドイツの」という形容詞を名詞化した「ドイツ人」という語を使って確認してみましょう。適切な語尾を書き入れてください。上段が「そのドイツ人（定冠詞）」下段が「一人のドイツ人（不定冠詞）」です。

	男性	女性	複数
1格	デア ドイチェ der Deutsche	ディ ドイチェ die Deutsche	ディ ドイチェン die Deutschen
	アイン ドイチャー ein Deutscher	アイネ ドイチェ eine Deutsche	ドイチェ Deutsche
4格	デン ドイチェン den Deutschen	ディ die Deutsch ❶	ディ ドイチェン die Deutschen
	アイネン ドイチェン einen Deutschen	アイネ ドイチェ eine Deutsche	ドイチェ Deutsche
3格	デム dem Deutsch ❷	デア ドイチェン der Deutschen	デン ドイチェン den Deutschen
	アイネム ドイチェン einem Deutschen	アイナー einer Deutsch ❸	Deutsch ❹
2格	デス des Deutsch ❺	デア ドイチェン der Deutschen	デア ドイチェン der Deutschen
	アイネス ドイチェン eines Deutschen	アイナー ドイチェン einer Deutschen	Deutsch ❻

答え　❶ e（ドイチェ）　❷ en（ドイチェン）　❸ en（ドイチェン）　❹ en（ドイチェン）
❺ en（ドイチェン）　❻ er（ドイチャー）

3-8 ドイツ語の助動詞

いよいよ最後の文法事項です。
助動詞を使うことで表現の幅が一気に広がります。

ダふフ **Darf**	イヒ **ich**	ズィー **Sie**	エトヴァス **etwas**	フはーゲン **fragen?**
助動詞	主語	目的語	程度の副詞（不定代名詞）	動詞（不定形）

私は あなたに 何か 質問して よろしいですか？

文法ポイント 話法の助動詞

英語の *can* や *must* などにあたる助動詞を「話法の助動詞」と言います。使いこなすためのポイントは次の 3 つです。

1. 話法の助動詞の意味をおぼえる。
2. 1 人称単数・3人称単数の定形をおぼえる。
3. 語順を理解する（動詞は不定形で文末に置く：P.147参照**）。**

主語が Sie（ズィー）のときは変化しないよ

表で話法の助動詞を確認してみましょう。

意味（英語の同意語）	不定形	1人称単数・3人称単数への定形
してよい（*may*）	デ㋑ふフェン **dürfen**	ダふフ **darf**
できる（*can*）	㋘ネン **können**	カン **kann**
［かもしれない（*might*）	㋱ーゲン **mögen**	マーク **mag**］
ねばならない（*must*）	㋯ッセン **müssen**	ムス **muss**
すべき（*should*）	ゾレン **sollen**	ゾル **soll**
するつもりだ（*will*）	ヴォレン **wollen**	ヴィル **will**
したい（*would like to*）	—	㋱ヒテ **möchte**

mögen（㋱ーゲン）は主に助動詞としてではなく「好きだ」という意味の本動詞として使われる。

✻ドイツ語の語順の再確認（動詞を❶、助動詞を⓿とする）

グート　ドイチュ　シュプヘッヒェン　ケネン
gut Deutsch sprechen können 上手にドイツ語を話すことができる
❸ ❷ ❶ ⓿

という不定句に主語 er（エア）を加えて文を作ると、können（ケネン）が定形 kann（カン）になって前から２番目に上がります。

エア　カン　グート　ドイチュ　シュプヘッヒェン
Er kann gut Deutsch sprechen. 彼は上手にドイツ語を話すことができます。
⓿ ❸ ❷ ❶

発音してみよう

話法の助動詞を使った文章を実際に発音してみましょう。

✻ dürfen
デイふフェン

ダふフ　イヒ　ズィー　エトヴァス　フはーゲン
Darf ich Sie etwas fragen?

質問してよろしいですか？ ▸**etwas**（エトヴァス）：いくらか ▸**fragen**（フはーゲン）：（ある人ヲ -4 格）質問する

✻ können
ケネン

アナ　カン　ゼーア　グート　ヤパーニッシュ　シュプヘッヒェン
Anna kann sehr gut Japanisch sprechen.

アナはとても上手に日本語を話せます。

✻ müssen
ミッセン

イヒ　ムス　ツー　ハオゼ　ブライベン
Ich muss zu Hause bleiben.

私は家にいなければなりません。 ▸**bleiben**（ブライベン）：とどまる

✻ sollen　主語以外の意志を表す
ゾレン

イヒ　ゾル　ツー　ハオゼ　ブライベン
Ich soll zu Hause bleiben.

私は家にいるように言われています。（私以外のだれかの意志）

✻ wollen　主語の意志を表す
ヴォレン

イヒ　ヴィル　ツー　ハオゼ　ブライベン
Ich will zu Hause bleiben.

私は家にいるつもりです。（私の意志）

✻ möchte　mögen（メーゲン）から変化した形で「控えめな願望」を表す
メヒテ

イヒ　メヒテ　ディーゼ　アンズィヒツカふテ　ナーハ　ヤーパン　シッケン
Ich möchte diese Ansichtskarte nach Japan schicken.

この絵ハガキを日本に送りたいのですが。 ▸**die Ansichtskarte**（ディ アンズィヒツカふテ）：絵ハガキ

書いてみよう

実際に書いてみることで文の形を覚えましょう。

❶ ヴォレン ヴィア シュパツィーヘン ゲーエン
Wollen wir spazieren gehen?
散歩に行きませんか？（勧誘）

Wollen wir spazieren gehen?

❷ カン イヒ ミット デム アオト ファーヘン
Kann ich mit dem Auto fahren?
車で行っても大丈夫ですか？

Kann ich mit dem Auto fahren?

❸ ムス イヒ ツム アーふツト ゲーエン
Muss ich zum Arzt gehen?
医者に行く必要がありますか？

Muss ich zum Arzt gehen?

聞いてみよう

DL 3_16

与えられた語を参考にして、音声ファイルを聞いて ______ に入る助動詞と動詞を埋めてみましょう。

❶ ■ ダス フェンスター アオフマッヘン
das Fenster aufmachen 窓を開ける

イヒ ダス フェンスター
__________ **ich das Fenster** __________________________?
窓を開けてもいいですか？

❷ ■ ヒーア ヴェーラン ベヌッツェン
hier W-Lan benutzen ここで WiFi を使う ▸ベヌッツェン **benutzen**：利用する

イヒ ヒーア ヴェーラン
__________ **ich hier W-Lan** __________________________?
ここで WiFi が使えますか？ ▸ヴェーラン **W-Lan(*wireless lan*)**：WiFi のドイツでの呼び方

答え ❶ ダふフ Darf / アオフマッヘン aufmachen ❷ カン Kann / ベヌッツェン benutzen

次の文に話法の助動詞を加えてみましょう。

❶ Helmut singt sehr gut. ヘルムートはとても上手に歌う。
ヘルムート ズィングト ゼーア グート

können できる

▶ Helmut ＿＿＿＿＿ sehr gut ＿＿＿＿＿.

ヘルムートは上手に歌えます。

❷ Heute räumt Maria ihr Zimmer auf. 今日マリーアは自分の部屋を片付ける。
ホイテ　ほイムト　マりーア　イア　ツィマー　アオフ

müssen ねばならない
ミッセン

▶ Heute ＿＿＿＿＿ Maria ihr Zimmer ＿＿＿＿＿.
ホイテ　　　　　　　マりーア　イア　　　ツィマー

今日マリーアは自分の部屋を片付けなければなりません。 ▶Zimmer：部屋

❸ Fotografiert man hier? ここで写真を撮るか？
フォトグはフィーアト　マン　ヒーア

dürfen してよい

▶ ＿＿＿＿＿ man hier ＿＿＿＿＿?

ここで写真を撮ってもいいですか？

STEP UP!

与えられた語を使って日本語に合わせてドイツ語を書いてみましょう。

① Ich gehe morgen in die Oper.
イヒ　ゲーエ　モふゲン　イン　ディ　オーバー

私は明日オペラを見に行く。

▶ Ich ＿＿＿＿＿.

私は明日オペラを見に行くつもりです。

② Michael holt seine Tante ab.
ミヒャエル ホールト　ザイネ　タンテ　アップ

はおばさんを迎えに行く。

▶ Michael ＿＿＿＿＿.

ミヒャエルはおばさんを迎えに行くように言われています。

3章 ステップアップドイツ語文法

答え

❶ kann / singen ❷ muss / aufräumen ❸ Darf / fotografieren
カン　ズィンゲン　　　ムス　アオフほイメン　　　ダふフ　フォトグはフィーヘン

① will morgen in die Oper gehen ② soll seine Tante abholen
ヴィル　モふゲン　イン　ディ　オーバー　ゲーエン　　ゾル　ザイネ　タンテ　アップホーレン

149

イラスト単語集

ここでは日常生活でよく使う単語を絵を使って紹介しています。
音声を聞いて覚えるようにしましょう。

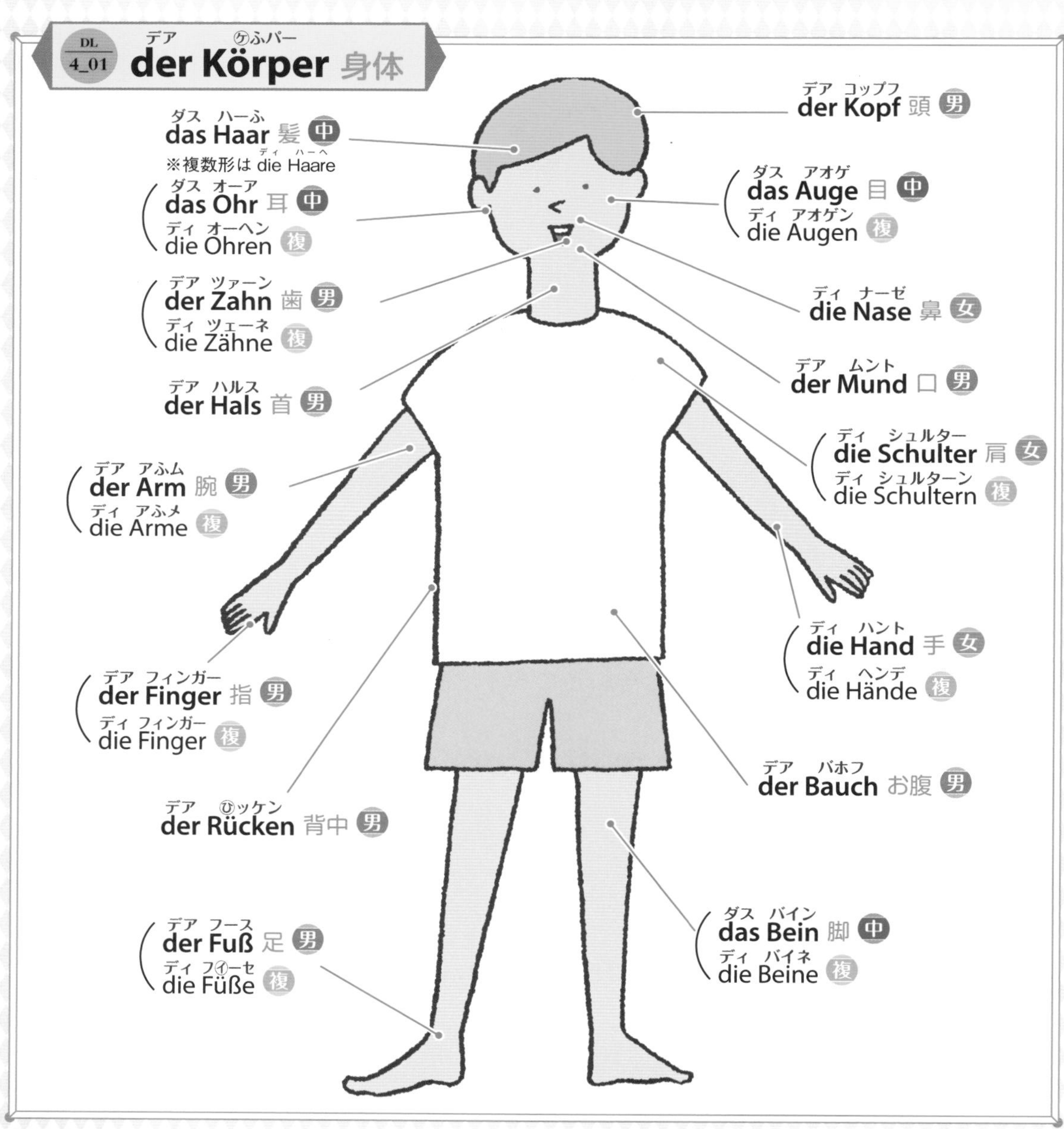

例文

イヒ ハーベ コップフシュメふツェン
Ich habe Kopfschmerzen.

私は頭が痛いです。

ドイツ語で「痛み」の意味の「Schmerz」の複数形「Schmerzen」を身体の部位につけることで、その部位が痛いことを表せる。

DL 4_02

die Familie 家族

ディ ファミーリエ

❶ die Eltern 両親 複 (ディ エルターン)	❷ der Vater 父 男 (デア ファーター)	❸ die Mutter 母 女 (ディ ムッター)
❹ der Großvater 祖父 男 (デア グほースファーター)	❺ die Großmutter 祖母 女 (ディ グほースムッター)	❻ die Tante 叔母 女 (ディ タンテ)
❼ der Onkel 叔父 男 (デア オンケル)	❽ die Schwester 姉・妹 女 (ディ シュヴェスター)	❾ der Bruder 兄・弟 男 (デア ブふーダー)
❿ das Kind 子ども 中※ (ダス キント)	⓫ die Tochter 娘 女 (ディ トホター)	⓬ der Sohn 息子 男 (デア ゾーン)
⓭ die Enkelin 孫（女）女 (ディ エンケリン)	⓮ der Enkel 孫（男）男 (デア エンケル)	※複数形は die Kinder (ディ キンダー)

例文

イヒ ハーベ アイネン ブふーダー ウント アイネ シュヴェスター

Ich habe einen Bruder und eine Schwester.

兄が一人と妹が一人います。

die Kleidung 衣類

DL 4_03

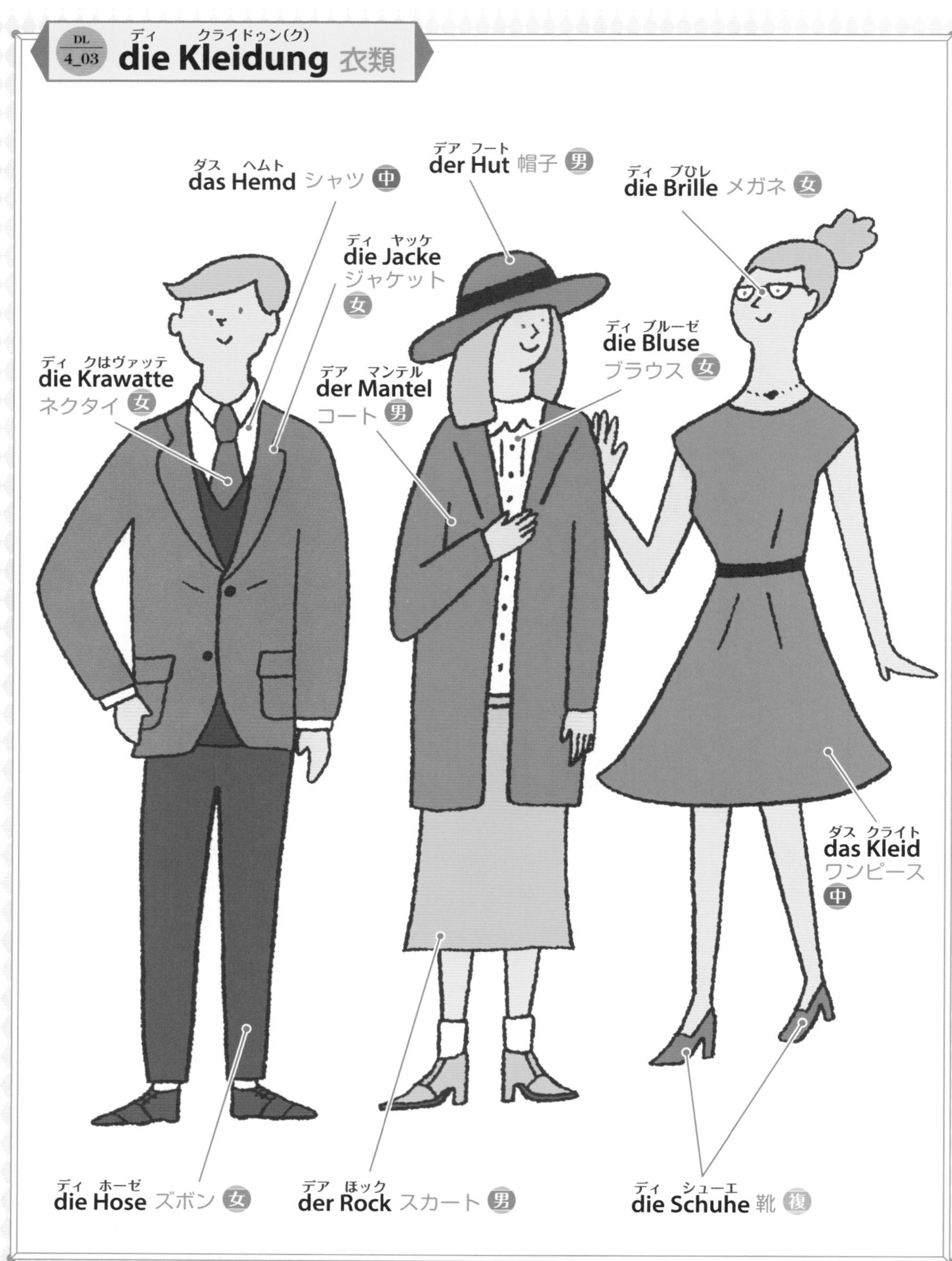

例文

Der Mantel gefällt mir gut. Den nehme ich.

このコートが気に入りました。これにします。

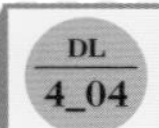

エッセン　ウント　トひンケン
Essen und Trinken 食べ物と飲み物

デア アプフェル
der Apfel
リンゴ 男
ディ エプフェル
die Äpfel 複

ディ トマーテ
die Tomate
トマト 女
ディ トマーテン
die Tomaten 複

ディ カふトッフェル
die Kartoffel
ジャガイモ 女
ディ カふトッフェルン
die Kartoffeln 複

ディ ツヴィーベル
die Zwiebel
玉ねぎ 女
ディ ツヴィーベルン
die Zwiebeln 複

デア ザラート
der Salat サラダ 男

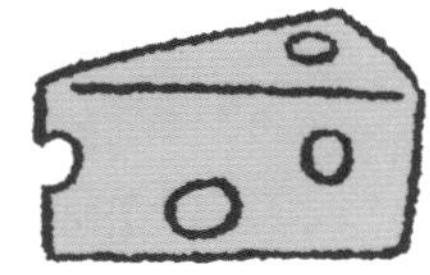

デア ケーゼ
der Käse チーズ 男

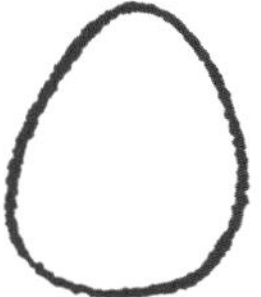

ダス アイ
das Ei 卵 中
ディ アイアー
die Eier 複

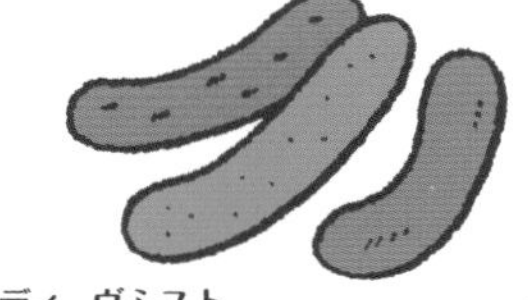

ディ ヴふスト
die Wurst ソーセージ 女
ディ ヴィふステ
die Würste 複

デア シンケン
der Schinken ハム 男

ダス フライシュ
das Fleisch 肉 中

ダス ブほート
das Brot パン 中
（丸い大きい塊のライムギ系のパン）

ダス ブへーティヒェン
das Brötchen
（小さい）パン 中
（小さい丸い小麦のパン）

デア クーヘン
der Kuchen ケーキ 男

デア カフェー
der Kaffee
コーヒー 男

デア ヴァイン
der Wein
ワイン 男

ダス ビーア
das Bier
ビール 中

ダス ヴァッサー
das Wasser
水 中

例文

ヴァス　コステット　デア　ケーゼ
Was kostet der Käse?
チーズはいくらですか？

DL 4_05 das Gebäude（ダス ゲボイデ） 建物

デア ドーム
der Dom 大聖堂 男

ディ キふヒェ
die Kirche 教会 女

ダス シュロス
das Schloss 宮殿／城 中

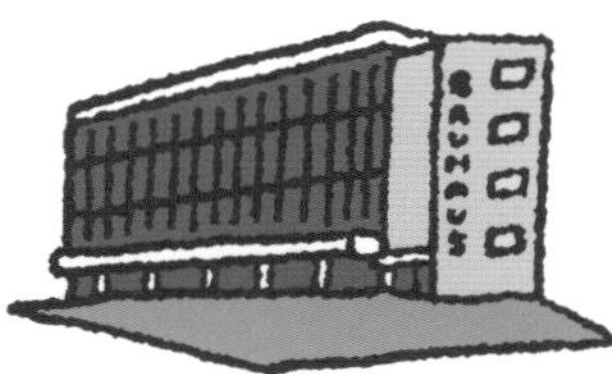

ディ シューレ
die Schule 学校 女

ディ ウニヴァーズィテート
die Universität 大学 女

ダス はートハウス
das Rathaus 市庁舎 中

ディ バンク
die Bank 銀行 女

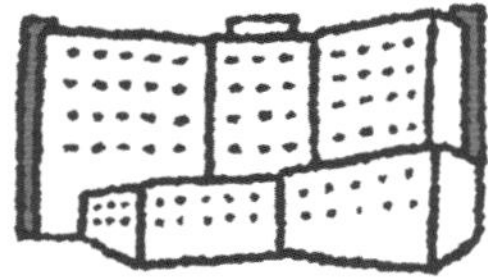

ダス クはンケンハオス
das Krankenhaus 病院 中

ダス ホテル
das Hotel ホテル 中

ダス カオフハウス
das Kaufhaus 百貨店 中

ダス ムゼーウム
das Museum 博物館／美術館 中

ダス ヘストはーン
das Restaurant レストラン 中

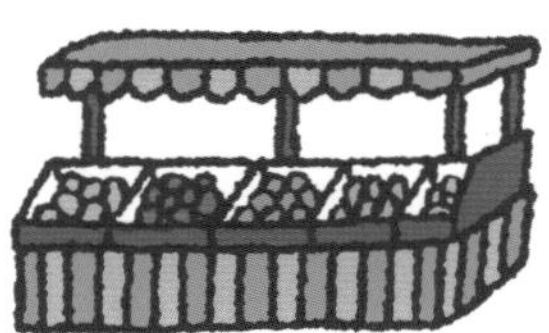

デア マふクト
der Markt 市場 男

ダス カフェー
das Café 喫茶店 中

例文

ヴィー コメ イヒ ツム はートハオス
Wie komme ich zum Rathaus?

市庁舎へはどう行ったらいいですか？

DL 4_06 das Fahrzeug（ダス ファーふツォイク） 乗り物

das Auto（ダス アオト） 車（自動車） 中

das Taxi（ダス タクスィ） タクシー 中

der Bus（デア ブス） バス 男

der LKW（デア エルカーヴェー） トラック 男

der Zug（デア ツーク） 列車 男

die U-Bahn（ディ ウーバーン） 地下鉄 女

das Motorrad（ダス モトーアはート） バイク 中

das Fahrrad（ダス ファーふはート） 自転車 中

das Schiff（ダス シッフ） 船 中

das Flugzeug（ダス フルークツォイク） 飛行機 中

例文

Ich fahre mit dem Auto.（イヒ ファーへ ミット デム アオト）

私は車で行きます。

DL 4_07 das Wetter 天気

ダス ヴェター

エスイストシ㋓ーン
Es ist schön. いい天気です。
ディ ゾンネ シャイント
Die Sonne scheint. 日が照っています。

エスイストベヴ㋓ルクト
Es ist bewölkt. 曇っています。
ディ ヴォルケ
die Wolke 雲 女

エス ヘーグネット
Es regnet. 雨が降っています。
デア ヘーゲン
der Regen 雨 男

エス シュナイト
Es schneit. 雪が降っています。
デア シュネー
der Schnee 雪 男

エスイストヴィンディヒ
Es ist windig. 風が強いです。
デア ヴィント
der Wind 風 男

エスイストハイス カルト ヴァふム
Es ist heiß（kalt/ warm）.
暑いです。（寒いです。暖かいです。）

例文

ヴィー イスト ダス ヴェター
Wie ist das Wetter?
天気はどうですか？

DL 4_08 der Monat（デア モーナト） 月

月、曜日、季節はすべて男性名詞になります（P.104 参照）。

der Januar	デア ヤヌアーふ	1月
der Februar	デア フェブふアーふ	2月
der März	デア メふツ	3月
der April	デア アプひル	4月
der Mai	デア マイ	5月
der Juni	デア ユーニ	6月
der Juli	デア ユーリ	7月
der August	デア アオグスト	8月
der September	デア ゼプテンバー	9月
der Oktober	デア オクトーバー	10月
der November	デア ノヴェンバー	11月
der Dezember	デア デツェンバー	12月

DL 4_09 die Farbe（ディ ファルベ） 色

色は中性名詞なので、名詞として使う時は定冠詞 das（ダス）をつけます。

rot	ほート	赤い
blau	ブラオ	青い
grün	グ(ひ)ーン	緑色の
gelb	ゲルプ	黄色い
braun	ブはオン	茶色い
grau	グはオ	灰色の
schwarz	シュヴァふツ	黒い
weiß	ヴァイス	白い
hell	ヘル	明るい
dunkel	ドゥンケル	暗い、濃い

▶まとめ◀

動詞の現在人称変化

1 基本パターン

動詞は主語に応じて語尾が変化する

	単数	複数
1人称	ich ——e	wir ——en
2人称	Sie ——en	Sie ——en
3人称	er/es/sie ——t	sie ——en
2人称	du ——st	ihr ——t

2 du, erで幹母音がa→ä, e→i[e]に変わるタイプ

強変化動詞のうち、幹母音が a および e の動詞は現在形でも母音が変わる

	単数	複数
1人称	ich ——e	wir ——en
2人称	Sie ——en	Sie ——en
3人称	er/es/sie —ä/i[e]—t	sie ——en
2人称	du —ä/i[e]—st	ihr ——t

3 haben

現在完了の助動詞としても使われる重要な動詞

	単数	複数
1人称	ich habe	wir haben
2人称	Sie haben	Sie haben
3人称	er/es/sie hat	sie haben
2人称	du hast	ihr habt

4 sein

不定形（英語における原形）と人称変化した形がすべて異なる

	単数	複数
1人称	ich bin	wir sind
2人称	Sie sind	Sie sind
3人称	er/es/sie ist	sie sind
2人称	du bist	ihr seid

▸まとめ◂

格変化

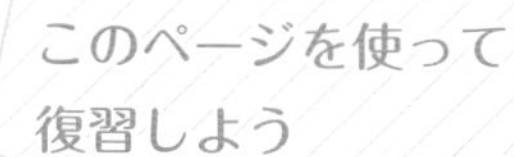

1 1，2人称の人称代名詞

所有冠詞が使われるので２格（～の）の人称代名詞はあまり使われない

	単数		複数		２人称敬称
	１人称	２人称	１人称	２人称	
１格	**ich**	**du**	**wir**	**ihr**	**Sie**
４格	**mich**	**dich**	**uns**	**euch**	**Sie**
３格	**mir**	**dir**	**uns**	**euch**	**Ihnen**
２格	〔meiner	deiner	unser	euer	Ihrer〕

2 3人称の人称代名詞

女性と複数は同じように変化するが、３格の形だけが異なっている

	男性	中性	女性	複数
１格	**er**	**es**	**sie**	**sie**
４格	**ihn**	**es**	**sie**	**sie**
３格	**ihm**	**ihm**	**ihr**	**ihnen**
２格	〔 seiner	seiner	ihrer	ihrer 〕

3 冠詞類

名詞の性・数に応じて、名詞の前に付く冠詞の仲間の語尾で格を示す

	男性	中性	女性	複数
１格	—**er** —△	—**es** —△	—**e**	—**e**
４格	—**en**	—**es** —△	—**e**	—**e**
３格	—**em**	—**em**	—**er**	—**en** 名詞にも—**n**
２格	—**es** 名詞にも—**[e]s**	—**es** 名詞にも—**[e]s**	—**er**	—**er**

著者
岡田公夫（おかだ　きみお）
東京外国語大学大学院外国語学研究科修了（ドイツ語学）。麗澤大学講師、東京工業大学助教授、横浜市立大学教授を経て、現在、横浜市立大学名誉教授。著書にドイツ語学習文法書の『基礎ドイツ語 文法ハンドブック』（三修社、共著）がある。ドイツ語学習雑誌『基礎ドイツ語』（三修社、休刊中）で執筆、編集にあたる。

イラスト
ヤマグチカヨ
ナレーション
野村富美江／鈴木 和歌エマ／ハンス・ユーデック
編集担当
遠藤やよい（ナツメ出版企画株式会社）

本書に関するお問い合わせは、書名・発行日・該当ページを明記の上、下記のいずれかの方法にてお送りください。電話でのお問い合わせはお受けしておりません。
・ナツメ社 web サイトの問い合わせフォーム
　https://www.natsume.co.jp/contact
・FAX（03-3291-1305）
・郵送（下記、ナツメ出版企画株式会社宛て）
なお、回答までに日にちをいただく場合があります。正誤のお問い合わせ以外の書籍内容に関する解説・個別の相談は行っておりません。あらかじめご了承ください。

音声 DL 版　オールカラー
超入門！ 書いて覚えるドイツ語ドリル

2024 年 5 月 7 日　初版発行

著　者　岡田公夫　©Okada Kimio, 2024
発行者　田村正隆
発行所　株式会社ナツメ社
東京都千代田区神田神保町 1-52
ナツメ社ビル 1 F（〒 101-0051）
電話 03-3291-1257（代表）　FAX 03-3291-5761
振替 00130-1-58661
制　作　ナツメ出版企画株式会社
東京都千代田区神田神保町 1-52
ナツメ社ビル 3 F（〒 101-0051）
電話 03-3295-3921（代表）
印刷所　ラン印刷社

ISBN978-4-8163-7536-1　Printed in Japan

本書は弊社既刊『CD 付き オールカラー超入門！書いて覚えるドイツ語ドリル』をもとに、音声をダウンロード形式に変更しております。